Vijaya Rao

Abbild des Göttlichen

OM SHRI GANESHAYA NAMAH
*Gott Ganesha oder Vigneshwara, der Beseitiger von
Hindernissen (Nataraja-Tempel, Chidambaram)*

Vijaya Rao

Abbild des Göttlichen

Bharata Natyam —
der klassische indische Tanz

Verlag Hermann Bauer
Freiburg im Breisgau

CIP-Kurztitelaufnahme der Deutschen Bibliothek

Rao, Vijaya:
Abbild des Göttlichen : Bharata Natyam – d. klass.
ind. Tanz / Vijaya Rao. – Freiburg im Breisgau :
Bauer, 1987
   ISBN 3-7626-0316-2

Mit 8 Farbtafeln, 109 s/w-Abbildungen und 15 Zeichnungen.

1987
ISBN 3-7626-0316-2
© 1987 by Verlag Hermann Bauer KG, Freiburg im Breisgau.
Alle Rechte vorbehalten.
Umschlag: Grafikdesign Wartenberg, Staufen.
Satz: Typo Tausend GmbH, Nürnberg.
Druck und Bindung: Druckerei Welsermühl, Wels.
Printed in Austria.

Gewidmet meinem geliebten Vater »Baba« Shri V. Shama Rao,
der mich bis zum Ende seines Lebens geführt
und in all meinen Bestrebungen unterstützt hat.

Es ist mein innigster Wunsch, daß dieses Buch meiner geschätzten Schülerin Vijaya Rao ein Führer wird für ernsthafte Bharata Natyam-Studenten und für solche, die ihr Tanzstudium bereits abgeschlossen haben, und daß damit diese heilige Kunst Indiens von Grund auf belebt und gepflegt werde in einer Kultur, die so weit weg ist von der unsrigen.

Ahmedabad / Indien,   *Patagudi S. Ramaswamy*
15. Januar 1987

An dieser Stelle darf ich meinem Mann Anton Tönz herzlich danken für seine Hilfe bei der Aufsetzung des Manuskripts und für seine Unterstützung und Ermunterungen, die er mir über all die Jahre hinweg gegeben hat. Ebenso spreche ich meinem Lehrmeister und Guru Shri Patagudi S. Ramaswamy meinen innigsten Dank aus für all seine Anregungen und für sein tiefes Wissen, das es mir erst ermöglicht hat, dieses Werk zu verwirklichen. Im weiteren danke ich all jenen sehr herzlich, die am Entstehen dieses Werkes beteiligt waren und mir dafür zum Teil wertvolles Bildmaterial überlassen haben. Ein besonderer Dank gehört meiner Schülerin Frau Dr. Germaine Springinsfeld für die Korrektur und Reinschrift des Manuskripts und Frau Prof. Dr. Annemarie Etter, Indologin an der Universität Zürich, für die Durchsicht und Korrektur der ersten drei Kapitel.

Baden / Schweiz,   *Vijaya Rao*
im März 1987

Inhalt

Grußwort

Es ist mir eine große Freude, meine Empfehlungen zu diesem Buch über klassischen indischen Tanz von Vijaya Tönz-Rao, einer sehr talentierten Darstellerin und kompetenten Lehrerin dieser uralten Tanzform, geben zu dürfen. Es ist eines der wenigen Bücher, wenn nicht gar das erste seiner Art zu diesem Thema, das in deutscher Sprache publiziert wurde.

Die Autorin hat die komplizierten Details dieser Kunst auf einfache Weise zum Nutzen der europäischen Leser erläutert. Das Buch enthält hilfreiche Kapitel über die Philosophie der indischen Kunst, die Natur des Bharata Natyam und die Tradition der Guru-Shishya-Beziehung (Lehrer-Schüler), um dem Leser Wissen und Praxis der klassischen indischen Musik und des klassischen indischen Tanzes näherzubringen. Dafür wird Bezug genommen zu den uralten Texten der Vedas, Puranas, Epen und der Bhagavad Gita.

Es ist höchst anerkennenswert für Vijaya Rao, nicht nur einen hohen professionellen Standard als Bharata Natyam-Tänzerin erreicht zu haben, sondern ebenso eine kompetente Lehrerin und Autorin eines Werkes über Bharata Natyam in deutscher Sprache zu sein.

Bern, 3. April 1987
A. S. Ghib
Indischer Botschafter
in der Schweiz

Vorwort

In der Schweiz sind wir dankbar, daß durch Vijaya Rao eine mustergültige Vertreterin des Bharata Natyam-Tanzstils in unserem Land regelmäßig Verständnis von klassischem indischem Tanz vermittelt. Tanz ist für das Verstehen indischer Kunst grundbildend. Eigentlich hat zum Beispiel mir nur das Erlebnis indischen Tanzes die Augen für subtile Qualitäten indischer Skulpturen, weit über ikonographische und stilistische Bedeutungen hinaus, geöffnet. Auch läßt die Erfahrung indischen Tanzes uns Europäer erst die Bedeutung der Vielarmigkeit indischer Götterbilder erahnen, macht doch die harmonische und dennoch präzise (diachrone) Abfolge von Tanzgesten auf ähnliche Weise wie die synchrone Darstellungsweise in Kultbildern Lebensenergie und Bereitschaft zu klar umrissener, doch vielfältiger Aktivität sichtbar. Deshalb sei mir – einem nicht Tanzverständigen – erlaubt, hier dieses Tanzbuch willkommen zu heißen.

Die Autorin stammt aus einer südindischen Familie, hat mit Sitar- und Gesangsunterricht begonnen und dann bei Shri U. Herenjal und später bei dem bedeutenden Tanzlehrer und Choreographen Pathagudi S. Ramaswamy gelernt. Ramaswamy stammt aus Tanjore und gilt als der Exponent der Pandanallur Bharata Natyam-Tradition; er wirkt seit Jahren als Vorsteher in der angesehenen Tanzschule Dharpana in Ahmedabad (unter der Präsidentin Mrnalini Sarabhai). Diese künstlerische Herkunft erlaubt Frau Rao, authentisch über die Tradition des Bharata Natyam-Tanzes zu schreiben.

Das vorliegende Buch – klar aufgebaut in acht Kapiteln – berichtet zunächst vom Wesen des Bharata Natyam-Tanzes: zuerst von der traditionellen, auch von der Autorin erlebten Lehr- und Lernweise, dann von der Geschichte indischer Tanzkultur und vom Umfeld des klassischen Tempel-Tanzes in Süd-Indien. Mit Kapitel IV setzt die Einführung in technische Tanzfragen ein, wobei auch Themen wie kultischer Tanz und Tanz in der Mythologie behandelt werden. Von besonderer Bedeutung ist ferner, daß auch der klassischen indischen Ästhetik – der sogenannten Rasa-Theorie und den entsprechenden Bhavas – genügend Platz eingeräumt wird. Wir finden selten in europäischen Büchern über indischen Tanz Information, wie Gemütsbewegungen in stilisierter klassischer Form wiedergegeben werden sollen. Es folgt ein ausführliches und gut bebildertes Kapitel über Körpergestik, detailliert und von Kopf bis Fuß informierend. Selten findet man sonst in Büchern über indischen Tanz so umfassende Angaben wie hier über indische Tanz-Musik – insbesondere diejenige des Südens, wie sie für den Bharata Natyam-Stil verwendet wird. Schließlich endet das Buch mit zwei Kapiteln über das traditionelle Erlernen von indischem Tanz und die Durchführung des ersten öffentlichen Auftritts beziehungsweise den Aufbau eines Tanzabends.

Das Besondere an diesem Buch ist ohne Zweifel, daß hier eine Autorin spricht, die in der indischen Tanzkultur aufgewachsen ist, die aber dennoch die Bedürfnisse der europäischen Leserschaft kennt. Schließlich hat Frau Vijaya Rao seit sieben Jahren in der Schweiz Schüler jeder Altersgruppe unterrichtet. So ist vieles über den religions-philosophischen Bezug indischen Tanzes hier nützlich, während es in einem indischen Buch wohl ungesagt bliebe. Auch die Darstellung der verschiedenen zu gestaltenden Emotionen muß Aussagen enthalten, die in der üblichen indischen Tanz-Literatur vernachlässigt sind.

Enden wir mit einem Auszug aus dem wichtigsten Ästhetik-Text Indiens, dem Vishnudharmottaram. In dem Gespräch zwischen einem König und dem Weisen Markandya bittet der König um Unterweisung, wie er in einem Tempel Götterbilder aufstellen solle. Der Heilige antwortet: »O Herrscher der Menschen, wer nicht die Regeln der Malerei kennt, kann nicht die Grundzüge von Skulpturen unterscheiden.« Der König bittet um Unterweisung in Malerei, und der Heilige meint: »O König, ohne Wissen um Tanz, können die Regeln der Malerei kaum verstanden werden. Kein Werk dieser Erde kann ohne diese zwei (Künste) ausgeführt werden.« Und zum Tanz meint der Weise, daß ohne genaue Kenntnisse von Musik, insbesondere von Gesang, auch die »Wissenschaft des Tanzes« nicht verstanden werden kann – wobei mit Wissenschaft angedeutet wird, daß dem Tanz ein lernbares System zugrunde liegt. Eine Einführung – nicht eigentlich ein Lehrbuch, sondern eine Unterweisung durch Schrift und Bild – will das Buch von Vijaya Rao sein. Ich habe es mit Gewinn gelesen.

Eberhard Fischer
Direktor des Rietbergmuseums, Zürich

22

Einleitung

Der Tanz hat in Indien ganz andere Dimensionen als im Westen. Hier ist er ein Ausdruck des Lebens mit all seinen Freuden, Leiden und Unzulänglichkeiten. In Indien aber ist der Tanz Ausdruck des Göttlichen. Nicht nur seine Herkunft ist göttlich, auch seine Thematik entstammt dem himmlischen oder göttlichen Bereich.

Das tägliche Leben in Indien ist eng mit den religiösen Vorstellungen seiner Bewohner verknüpft. Anders als andere Religionen liefert der Hinduismus eine Vielzahl von Anregungen, wie seine Ideale im täglichen Leben verwirklicht werden können und durchdringt damit den ganzen Bereich menschlicher Aktivitäten, einschließlich der Kunst.

Kunst, Religion und Metaphysik können deshalb in Indien nicht voneinander getrennt werden. Dies ist für uns Europäer das wirklich Besondere und ungemein Faszinierende an der indischen Kunst und Kultur. Diese stößt in eine Dimension vor, die wir so gerne vernachlässigen und zu der wir oft nur schwer Zugang finden. Gleichzeitig verwirren uns die vielgestaltige indische Götterwelt, die ungewöhnlichen kosmologischen Vorstellungen und die kunstreligiösen Verknüpfungen allzugerne. Es wäre jedoch weit verfehlt und allzu einfach, würden wir deshalb die indische Götterwelt mit ihren Mythen und Erzählungen dem Bereich der Fabeln und Sagen zuordnen. Es wäre auch falsch, alles symbolhaft sehen zu wollen und zum Beispiel die vedischen Götter – wie das fälschlicherweise so oft gemacht wird – als Naturgötter zu betrachten. Dafür ist die indische Weltanschauung viel zu feinsinnig und tiefgründig.

Die Inder haben wie kein anderes Volk der Erde über einen Zeitraum von mehreren tausend Jahren Wissenswertes aus jedem Lebensbereich notiert und gesammelt. Wenn wir dies nicht immer ganz verstehen und begreifen, liegt es nicht daran, daß der Autor nicht vorsichtig genug bei seiner Aufzeichnung war, sondern ganz einfach daran, daß die indische Betrachtungsweise eine völlig andere ist als die westliche.

Der Inder betrachtete und begriff die Welt seit jeher von inner heraus, das heißt durch Introspektion. Dadurch entstand eine Sprache und Wortwahl, die sich von der unsrigen wesentlich unterscheidet. Zudem können die tiefen meditativen Erkenntnisse oft kaum in Worte gekleidet werden und bedürfen somit einer symbolhaften Darstellung und Erläuterung. Für jemanden, der diesen inneren Zugang nicht findet, ist es schwer, das zu verstehen, was er nicht nachvollziehen kann. Allzugern werden solche Wahrheiten deswegen als Mythen und Phantastereien abgetan. Doch gerade von diesen inneren Wissens- und Erkenntnisbereichen lebt die indische Kunst und Kultur. Aus ihnen schöpft der indische Künstler seine Inspiration und Kreativität. Auch wenn heute diese Geisteshaltung in Indien im Verblassen begriffen ist, ist immer noch genug davon zu erkennen, um einen Denkanstoß in diese Richtung zu erhalten.

Der größte und direkteste dieser Anstöße kommt sicherlich vom klassischen indischen Tanz *Bharata Natyam*. Seine Botschaft ist klar und unmißverständlich; und sollte sie trotz allem nicht verstanden werden, so bleibt doch die Faszination für das Urgewaltige und Eindrückliche seiner Bewegungen, seiner Gestensprache und der damit vermittelten tiefen Gefühle und Emotionen.

Der Bharata Natyam ist ein Schauspiel der Perfektion, bei dem man aber in jeder Sequenz den Eindruck von Spontaneität und von gänzlicher weltlicher Losgelöstheit der Tänzerin erhält, und der mit seinem festen Rhythmus und seinen direkten Formen und Bewegungen trotzdem nie ein Gefühl der geistigen Entrücktheit vermittelt. Er ist direkter Ausdruck von Seligkeit und weltlicher Freude zugleich und spiegelt darin die indische Philosophie wider, die besagt, daß das Göttliche hier auf Erden gelebt werden kann und sollte. Für viele mag beim Studium dieses Buches plötzlich eine Tür aufgehen zu einem ganz neuen Verständnis der indischen Kultur, wodurch nicht nur der Intellekt genährt, sondern dem Herzen etwas von jenem seligen Empfinden vermittelt wird, das der Inder ganz einfach als göttlich bezeichnet.

Anton Tönz

*» Oh, Herr Padmanabha (Vishnu), du bist der Höchste
und der Schönste im ganzen Universum . . .«*

Pose aus Varnam

Kapitel I

Wesen und Natur des Bharata Natyam

Indien ist ein Land der außerordentlichen Vielfalt. Diese offenbart sich dem Besucher in der Üppigkeit der Vegetation und in den landschaftlichen und geographischen Unterschieden und Kontrasten. Diese Vielfalt hat in der Vergangenheit ungezählte Kleinkulturen mit eigenen Sprachen und örtlichen Traditionen mit all ihren künstlerischen Ausdrücken und verschiedenen Brauchtümern hervorgebracht. Neben einer Vielzahl von Volkstänzen haben sich so, je nach Tradition und Geistesrichtung, die besonders im klassischen alten Indien unmittelbar Ausdruck des menschlichen Strebens nach Erleuchtung, das heißt nach innerer Befreiung waren, in den verschiedenen Gegenden Indiens eigenständige klassische Tanzformen entwickelt.

Trotz der Verschiedenheit der künstlerischen Ausdrucksformen gehen diese auf einen gemeinsamen Ursprung zurück. Dieser Ursprung ist jene Vollkommenheit, die wir in Indien als göttlich bezeichnen. Es ist mir ein großes Anliegen, gerade diesen Aspekt des indischen Denkens verständlich zu machen, denn nur aus diesem Denken heraus ist die Beständigkeit, die unverwüstliche Ausdruckskraft und die Faszination der indischen Kultur zu erklären und zu begreifen. Dies ist auch der Grund, warum der Tanz als wichtigstes kulturelles Ausdrucksmittel in Indien heute noch in seiner vollen Kraft und Schönheit lebt.

Im Verlaufe der Zeit haben sich sechs hauptsächliche klassische Tanzstile in Indien herauskristallisiert. Diese sind: *Kathak* im Norden, *Manipuri* und *Odissi* im Nordosten sowie *Bharata Natyam*, *Kathakali* und *Kuchipudi* im Süden Indiens.

Von allen Tanzstilen Indiens ist der Bharata Natyam der älteste und zugleich ursprünglichste. Seine heutige Darstellungsform geht auf die Tanzdarbietungen des neunten bis zwölften Jahrhunderts in den Tempeln von Madurai und Tanjore im heutigen Staat Tamil Nadu, Südindien, zurück. Dies heißt, daß sich die heutige Tanztechnik des Bharata Natyam aufgrund schriftlicher Überlieferungen und skulptureller Darstellungen sehr exakt bis in diese Zeit zurückverfolgen läßt. Sein eigentlicher Ursprung ist jedoch, wie wir später noch sehen werden, bedeutend älter[1].

1. Vorgeschichte

Das tamilische Südindien ist heute noch das Land der alten Hindu-Tradition und -Kultur. Der hauptsächliche Grund dafür liegt darin, daß besonders zur Zeit der persischen Invasionen und der Herrschaft der moslemischen Moguln in Nordindien viele Gelehrte der Priesterschaft, Künstler und Ordensleute in den Süden Indiens geflohen sind. Dank der bereits starken traditionellen Verankerung Südindiens sowie seiner extremen geographischen Lage vermochte es erfolgreich den Fremdherrschaften zu widerstehen.

Die Südinder waren außerordentlich besorgt um ihre Kulturstätten und schreckten nicht vor ungewöhnlichen Maßnahmen zurück, um diese zu bewahren. So wird berichtet, daß, um die Tempelanlage in Belur (im heutigen Bundesstaat Karnataka) vor der Zerstörung durch Einfälle der Mohammedaner zu schützen, die gesamte Anlage kurzerhand mit Sand zugedeckt wurde. Erst 200 Jahre später wurde sie durch Zufall wiederentdeckt und freigelegt. Dank dieser Vorsorge ist der Tempel von Belur, bekannt durch seine wunderschönen Skulpturen von Tänzerinnen, der einzige jener Gegend, der vollständig erhalten blieb und dessen Skulpturen nicht durch Zerstörung entstellt wurden.

Allein den europäischen Invasoren vermochte sich der südindische Subkontinent nicht zu entziehen. Doch davor, besonders vor der britischen Herrschaft, hatte das tamilische Südindien genug Zeit, Gelegenheit und Ruhe, sich seiner Kunst und Kultur zu widmen und diese zu einer ungewöhnlichen Blüte zu entfalten, während sein Leben vollkommen in die altbewährten Traditionen integriert war.

So wurde Tanjore in Tamil Nadu zu einer der bedeutendsten kulturellen Stätten Südindiens. Dem starken Traditionsbewußtsein Tamil Nadus verdanken wir es, daß die Kunst des Bharata Natyam während dieser ganzen Zeit bis zum heutigen Tag überlebt hat. Der Bharata Natyam ist heute noch wie vor 2000 Jahren ein wichtiger Bestandteil des Lebens der Südinder und gilt als Tanz der Ewigkeit. Sein innerer Gehalt ist unsterblich. Er bringt seelische und

---

1 Siehe Kapitel II: Ursprung und Geschichte

26

geistige Zufriedenheit und physisches Wohlbefinden. Er ist bezaubernd und ästhetisch, zart und verlockend, ja fast betörend. Seine Form ist edel und ausdrucksvoll. Diese Tanzkunst ist so alt und doch so frisch und faszinierend, wie sie vor Tausenden von Jahren gewesen sein muß. Sie verkörpert in sich Weisheit und die künstlerische Erfahrung des Ewigen, Unvergänglichen. Ihr Ursprung ist sehr alt, doch hat je jemand etwas Großartigeres, das ihre exakt determinierte Handlung und ihre Schönheit und Aussagekraft noch übersteigen könnte, gefunden? Es gibt nichts, was alt ist oder neu im Bharata Natyam. Er ist *die* Tanzkunst, die als Wiege der klassischen indischen Tanzstile bezeichnet werden kann.

Während seiner langen Geschichte hat Bharata Natyam[2] Höhen und Tiefen erlebt. Doch wann immer er in Gefahr war, deformiert oder zweckentfremdet zu werden, sind bedeutende Tanzlehrer (Gurus) aufgestanden und haben die Tanztradition gemäß den schriftlichen Überlieferungen und Lehrbüchern wiederbelebt und sich neu daran orientiert. Aus Stilrichtungen, die solche Erneuerungen nicht mitvollzogen, sind dann später zum Teil eigenständige klassische Stile gewachsen.

Alle Tanzstile Indiens, die den Anspruch erheben, klassisch zu sein, orientieren sich mehr oder weniger an der klassischen Tanzliteratur Indiens. Allein Bharata Natyam jedoch erfüllt die meisten Anforderungen, die in dieser Literatur an den Tanz als solchen gestellt werden. Da zudem sein Ursprung bis in die Anfangszeit der uns bekannten indischen Zivilisation zurückverfolgt werden kann, können wir von ihm mit Recht als dem Mutterstil aller existierenden Tänze sprechen. Kaum ein Element eines uns bekannten Tanzes, einschließlich der westlichen klassischen Tänze (zum Beispiel Ballett) ist nicht im Bharata Natyam enthalten.

In Südindien inspirierte diese Tanzkunst im höchsten Maße das kulturelle Geschehen, insbesondere auch die Tempelarchitektur, Malerei und Ikonographie, hauptsächlich in der Periode von etwa dem 6. Jahrhundert bis zum 14. Jahrhundert nach Christus. In dieser Zeit wurde der Tempel zum Zentrum für Kunst und Kultur. Die Tempel waren gleichzeitig die Ausbildungsstätten für alle Wissensbereiche, einschließlich der altindischen Gelehrtensprache Sanskrit[3], Philosophie, Astrologie, Medizin und so weiter. Aus den südindischen Tempeln wurde die Kunst hinausgetragen, und in ihnen wurde sie

---

2 Bezeichnung seit Beginn des 20. Jahrhunderts. Siehe Kapitel II: Ursprung und Geschichte.

3 Sanskrit: Vergleichbar mit dem Latein im Westen. Die meisten alten indischen Schriftwerke sind in Sanskrit verfaßt.

auch erhalten und bewahrt und lebt sie heute noch. Die dafür bedeutend-sten Tempel sind: Brihadeshwara-Tempel in Tanjore, Devi- und Nataraja-Tempel in Chidambaram, Sarangapani-Tempel in Kumbakonam, Shiva Kailashanath-Tempel in Kanchipuram, Vidyadhara-Tempel in Madurai und viele andere mehr.

In der Zeit bis etwa zum 14. Jahrhundert erlebte der klassische Tanz seinen letzten, über mehrere Jahrhunderte dauernden Höhepunkt. In dieser Zeit galt er als ein in sich vollkommener göttlicher Tanz. Er wurde als Sinnbild der ewigen, unsterblichen Natur gesehen, durch seine Darstellung von äußerster Perfektion, seine unvergleichliche Technik, Aussage und Form und seine seltene Schönheit.

Doch im späteren Mittelalter ist er nach und nach dem sozialen Vorurteil der Bevölkerung zum Opfer gefallen. Damit verlor er auch seine göttliche Würde. Sein eigentlicher Zweck wurde verkannt, und er sank auf die Stufe einfacher Unterhaltung hinab. Obwohl bereits im 18. Jahrhundert Bestre-bungen zur Erneuerung des klassischen Tanzes im Gange waren [4], erlebte dieser im 19. Jahrhundert einen absoluten Tiefpunkt. Erst in den dreißiger Jahren unseres Jahrhunderts haben die Anstrengungen einiger renommier-ter Tanzgurus, genannt *Nattuvanar* (Lehrmeister) und *Devadasis* (Tempel-tänzerinnen, wörtlich: Dienerinnen Gottes)[5] Früchte getragen. Ihren Bemü-hungen ist es zum großen Teil zu verdanken, daß der Bharata Natyam inner-halb von drei Dekaden eine buchstäbliche Wiedergeburt und weltweite künstlerische Anerkennung erlebt hat.

Vor seinem Tiefpunkt im 19. Jahrhundert war der Bharata Natyam ein bis ins kleinste Detail durchdachter und perfektionierter Tanz, dessen Themen besonders göttliche Lieder, das heißt Hymnen zur Gottesverehrung waren. Ihm sowie den Devadasis genannten Tänzerinnen im Tempel wurde große Achtung entgegengebracht.

Über mehrere Jahrhunderte standen der heute als Bharata Natyam be-kannte Tanz und die Institution der Devadasis unter der Obhut der jeweili-gen Herrscher des Landes. Sie wurden von ihnen geschätzt und geschützt, damit dieser Tanz seine Reinheit und Würde bewahren konnte. Zu dieser Zeit, von etwa dem 8. bis zum 14. Jahrhundert, entstanden die schönsten Tempel in Südindien. Sie geben heute noch Zeugnis ab von dem hohen Rang, den der Tanz in jener Kulturepoche eingenommen hat.

---

4 Siehe Kapitel II
5 Siehe Kapitel II

Die Devadasis waren, ähnlich den weiblichen Ordensleuten im Christentum, mit der Gottheit des Tempels, in dem sie dienten, verheiratet. Anders als die westlichen Ordensschwestern haben sie sich jedoch vor jedem Tempeldienst, der für sie in rituellen Tanzdarbietungen bestand, reich geschmückt und schön gemacht. Die bildhafte Schönheit einiger dieser Devadasis muß Fürsten und Prinzen dazu gebracht haben, ihnen reiche Geschenke zu machen. So begannen einzelne Devadasis zur reinen Unterhaltung an den Höfen der Könige (Maharajas) und reicher Leute zu tanzen. Natürlich blieb dabei Gott nicht mehr Mittelpunkt des Tanzes. Im Gegenteil – die Tanzlehrer wurden durch Gunstbezeigung und reiche Belohnung dazu gebracht, immer erotischere und verführerischere Tänze zu komponieren und aufführen zu lassen. Später wurden diese Tänze für allerlei festliche Unterhaltungen, für Hochzeiten und sogar zur Unterhaltung von Fremdherrschern in Indien aufgeführt.

Viele dieser ehemaligen Davadasis, *Nautch*-Tänzerinnen genannt, waren, obwohl nicht immer glücklich über diese Entwicklung des klassischen Tanzes, vollkommen machtlos dagegen. Infolge des moralischen Verfalls der Devadasis entstand eine Anti-Nautch-Kampagne, die einen künstlerischen Leistungs- und Qualitätsverfall zur Folge hatte. Der vollständige Niedergang des klassischen indischen Tanzes schien unaufhaltsam.

In dieser Zeit der kulturellen Wirrnis, die durch die Kolonialherrschaft noch genährt wurde, erhoben sich einige der renommiertesten Tanzmeister, um den klassischen indischen Tanz wiederzubeleben und ihm seine ursprüngliche Funktion und Gestalt wiederzugeben[6]. Allein, seine ehemalige Rolle im Tempel hat er nie mehr zurückerhalten.

Gleichzeitig mit den ersten Gedanken der Inder an eine Unabhängigkeit von der Kolonialherrschaft der Briten wuchs in Indien die Besinnung auf die eigenen kulturellen Werte. Einigen heute berühmten Persönlichkeiten ist es zu verdanken, daß der Bharata Natyam wieder in seiner ursprünglichen Form auferstanden ist, auch wenn er nicht mehr im Tempel zur Aufführung kommt. Sie haben sich neu auf die alten kulturellen Werte Indiens zurückbesonnen und diese unter Aufwendung aller Kräfte wiederbelebt. Zu ihnen gehören Persönlichkeiten wie: Pandanallur Meenakshi Sundaram Pillai, der Urenkel von Chinnaiya, einem der berühmten Pioniere des heutigen Bharata Natyam im 18. Jahrhundert, die berühmten Tänzerinnen Rukmini Devi und

---

6 Siehe Kapitel II

Balasaraswathi, der Tänzer Krishna Iyer und ein Mann, der durch seine Werke viel zu dieser neuen Rückbesinnung und zur Erneuerung der indischen Kultur beigetragen hat und der als einer der bedeutendsten Dichter unseres Jahrhunderts gilt, Rabindranath Tagore, sowie viele andere bedeutende Persönlichkeiten. Besonders hervorzuheben ist hier die überragende Persönlichkeit des Tanzgurus (Lehrmeister) Meenakshi Sundaram Pillai sowie seine Zeitgenossen, deren tiefes Wissen und Verständnis dieser Kunst überhaupt eine Erneuerung ermöglicht haben. Ihnen sowie meinem verehrten Lehrmeister und Guru, Shri Pathagudi S. Ramaswami aus Tanjore, einem der heute größten Vertreter des Pandanallur-Bharata Natyam und langjährigem Schüler von Shri Cheyur S. Manikam Pillai und Shri Ellappa Pillai gehören mein Dank und meine tiefe Verehrung.

Kunst und Religion hatten in Indien nie verschiedene Identitäten. Früher offenbarte der Künstler seine Vision der Schönheit im Tempel. Heute errichtet der wahre Künstler seinen Tempel immer da, wo er tanzt, seine künstlerische Widmung ist jedoch dieselbe.

Die besondere künstlerische Schöpfung, die in der Verschmelzung von Religiös-Spirituellem und Symbolischem Gehalt liegt, gaben dem klassischen Tanz jene Ästhetik und unvergängliche Säkularität, durch die ihm eine einmalige Stellung in der indischen Kunst eingeräumt wurde. Er repräsentiert eine integrierte philosophische Haltung, die ganz bezeichnend ist für Indien, und lehrt diese gleichzeitig. Die gesamte Wahrheit (Weisheit) des Lebens wird in ihm offenbar. Alle traditionellen indischen Künste orientieren sich an diesem zentralen Wahrheitskern des Lebens. Kunst ist in diesem Sinn nichts als ein anderes Wort für Wahrheit.

Der Bharata Natyam enthält demnach zwei wichtige Aspekte: Zum einen ist er Ausdruck der unvergänglichen inneren Wahrheit des Lebens, zum anderen ist er ein Weg zur Erschließung dieser Wahrheit in jedem Künstler und Kunstgenießer gleichermaßen. Tanz ist aus dieser Perspektive gesehen ein Mittel zur Selbstverwirklichung.

2. Die traditionelle Lehrweise

Um den Bharata Natyam erlernen oder auch nur verstehen und bewundern zu können, sind eine Kenntnis und ein tieferes Verständnis der indischen Philosophie und Mythologie empfehlenswert. Denn diese sind es, die das indische Denken und Empfinden geprägt haben, die wiederum die Grundlage für den künstlerischen Ausdruck bilden.

Der Ausgangspunkt oder die Basis für alle indischen traditionellen Künste ist das innere, absolute, reine Selbst des Menschen, das in sich göttlich ist. Der Künstler ist gleichsam das Gefäß, das diese göttlichen Qualitäten ausgießt. Um dazu fähig zu sein oder zu werden, muß er Einblick in die Tiefe seines eigenen Bewußtseins haben können. Dadurch findet der Künstler den Weg zur inneren Basis und Vollkommenheit. Nur wenn das Bewußtsein einer Tänzerin in dieser inneren Quelle der Vollkommenheit verwurzelt ist, vermag sie das Thema des Tanzes in seiner vollen Reinheit und Klarheit auszudrücken.

Um eine indische Kunst zu beherrschen, sind deshalb nicht nur die theoretische und praktische Beherrschung des Studiengebiets nötig, sondern ebenso Intuition und Hingabe (Devotion). Erst diese Aspekte zusammen bilden das Fundament, das einen Einblick in die Tiefe des Bewußtseins ermöglicht. Daraus erwächst jenes tiefe Verstehen und Begreifen der Natur, aufgrund dessen sich der Mensch nicht mehr nur als Teil der Natur, sondern als vollständiger Mikrokosmos innerhalb des Makrokosmos sieht und empfindet. Die traditionelle Lehrweise und Methodik in Indien vermittelt dem Studenten nicht nur theoretisches und praktisches Wissen, sondern befähigt den Schüler gleichzeitig zu einer ganzheitlichen und zusammenhängenden Schau aller Dinge. Hierfür ist jedoch eine weit intensivere Beziehung zwischen Lehrer und Schüler nötig als dies heutzutage der Fall ist. Dies wird deutlich, wenn wir die *Guru-Shishya* (Lehrer-Schüler)-Beziehung betrachten, wie sie zu alter Zeit in Indien üblich war.

In vedischer Zeit wurden Kinder im lernfähigen Alter zu Weisen gebracht und von diesen in allen traditionellen Künsten des Lebens unterrichtet. Es gibt 64 traditionelle indische Künste, die jedoch unterschiedlich für Männer und Frauen sind. Diese Weisen waren die Gelehrten jener Zeit und zugleich Priester, Ärzte, Künstler und Schriftkundige; ja sogar das Kriegshandwerk wurde von ihnen gelehrt. Oftmals lebten sie in der Abgeschiedenheit (*Ashrama*), und ihre Schüler lebten über Jahre in ihrem Haus. Dies ermöglichte ihnen einen ungewöhnlich intensiven Kontakt zu ihrem Lehrer. Der Guru

Ein Brahmane lehrt das Rezitieren der Schriften
(Nataraja-Tempel, Chidambaram)

(Lehrer) wurde als Verkörperung des Wissens betrachtet und als solcher tief
verehrt und respektiert.

Später, als die Tempel zu kulturellen Zentren wurden, übernahmen die
Priester-Brahmanen die Rolle der Gelehrten. Die Tempel wurden oftmals zu
universitätsähnlichen Lehrstätten. Auch hier war noch ein intensiver Kontakt zwischen Lehrer und Schüler vorhanden. Mit der Kolonialisierung jedoch wurde diese Lehrmethodik zunehmend verdrängt. Trotz berühmter
Universitäten, Hochschulen und örtlicher staatlicher Schulen gibt es heute
aber immer noch Tempel und Ashramas in Indien, die die traditionelle Lehrweise pflegen und zum Teil stattliche Schülerzahlen aufweisen.

Für jemanden, der den klassischen indischen Tanz erlernen möchte, ist es
notwendig, Einblick in die traditionelle Guru-Shishya-Beziehung zu erhalten
und das nötige Verständnis dafür zu entwickeln. Denn obwohl diese klassische Lehrweise in Indien fast ganz von der westlichen Methode verdrängt
worden ist, spielt sie im künstlerischen Bereich heute noch eine ungemein
wichtige Rolle. Kunst ist nicht nur ein trockenes Faktum, sondern etwas, das

32

Minakshi-Tempel, Madurai.
Teilansicht der Tempelstadt mit zentralem Tempelteich.

die Seele bewegt. Emotion ist ein wichtiger Bestandteil des künstlerischen Ausdrucks. Sie jedoch wächst nur von innen heraus und kann nur durch eine enge Beziehung zwischen Lehrer und Schüler geformt werden. Besonders hier im Westen halte ich eine enge Beziehung zwischen Lehrer und Schüler im Bereich des klassischen indischen Tanzes für sehr wichtig, stammt doch dieser Tanz aus einer verhältnismäßig wenig bekannten Kultur.

Möchte man diesen Tanz also darstellen, so ist es vorteilhaft, über seine Quelle und Thematik Bescheid zu wissen. Die Quelle für alle Kompositionen des Bharata Natyam liegt in der reichhaltigen indischen Mythologie. Hier spielt die Götterwelt eine bedeutende Rolle. Götter darzustellen, ohne ihre Bedeutung und Symbolik zu verstehen, wird in Indien als frevelhaft betrachtet und kommt einer Schändung gleich. Zudem wäre eine solche Darbietung künstlerisch leer, ausdruckslos und ohne Aussage. Dem Schüler das nötige Wissen und das innere Gefühl hiefür zu vermitteln, ist darum besonders im Westen Aufgabe des Lehrers.

Nordgopuram (Torturm) mit Tempelteich. (Nataraja-Tempel, Chidambaram)

Rajasabha mit »Halle der tausend Pfeiler« (in der linken Bildhälfte)

34

Eingang des Devi-Tempels. Im Hintergrund ist die Kuppel des Nritta-Sabhas sichtbar.
(Nataraja-Tempel, Chidambaram)

3. Das hinduistische Konzept des spirituellen und philosophischen Denkens in bezug auf die Kunst

»In der Zeit der Gottlosigkeit, Ungerechtigkeit und des Verfalls der Moral[7] kam Shri Krishna und rief die Erinnerung wach an die wahren Werte des Lebens und an die Lebenskunst. Er wies das absolute Sein als die Wirklichkeitsgrundlage für das Leben aus und legte Es fest als Grundlage allen Denkens, was wieder die Grundlage allen Tuns ist. Diese Philosophie des Seins, Denkens und Tuns ist die wahre Philosophie des integrierten Lebens. Dem Handelnden hilft diese zum Erfolg[8].«

Dies ist die Lehre von der ewigen Wahrheit, wie sie Arjuna von Shri Krishna in der Bhagavad Gita, dem Gesang des Erhabenen, gegeben wird. Alle klassi-

---

7 Nach dem *Mahabharata*, dem indischen Heldenepos, dessen Handlung in prähistorische Zeit zurückgeht.
8 *Bhagavat Gita*. Übersetzung und Kommentar von Maharishi Mahesh Yogi.

35

schen Künste in Indien sind der Suche nach höchster philosophischer Weisheit und Einsicht gewidmet. Dies zeigt sich auch im Bestreben nach einer interdisziplinären Verbindung aller Kunstformen, die als nötig erachtet wird, um jede einzelne Form der Kunst vollständig verstehen und beherrschen zu können.

Kunst enthält Disziplin (*Sadhana*) und Opfer (*Yajna*). Die Anwendung dieser beiden Elemente führt zur Selbstrealisation, die ihren Gipfel in der Einheit von Yoga hat. Jede geistige und körperliche Disziplin, die eine Harmonisierung und erhöhte Funktionstüchtigkeit von Geist und Körper zur Folge hat, kann als Yoga-Disziplin bezeichnet werden. Yoga ist nicht die Aktivität als solche, sondern der Endzustand. Yoga realisiert zu haben bedeutet, höchst wirksam zu sein in allen Tätigkeiten. Dies ist *Karmasu Kausalam*, die Philosophie der Handlung aus der Bhagavad Gita.

Sadhana bedeutet Disziplin im Sinn von geordneter Handlung. Jede Form von Sadhana ist ein geeignetes Mittel, um einen Zustand vollständiger Harmonie (*Samarasa*) und völliger innerer Losgelöstheit oder Befreiung (*Svatantra*) zu erreichen.

Ein *Yajna* ist eine geweihte Handlung. Sein eigentlicher Sinn ist der eines sakralen Opfers. Jede Handlung, die dem Wohl des Ausübenden und dem der gesamten Menschheit gewidmet ist, ist eine geweihte Handlung und somit ein Yajna. Ein Yajna ausüben bedeutet, das Beste, was man besitzt, zu opfern, um das Beste, das man sucht, zu erhalten.

Die hingebungsvolle Ausübung von Sadhana und Yajna führt zur Erkenntnis der Einheit aller Dinge (Yoga) im Zustand von *Brahmananda*, der kosmischen Glückseligkeit. Damit wird *sat-chit-ananda* (Glückseligkeitsbewußtsein) zur lebendigen Realität. Jede Kunstform sollte in diesem Sinne verwirklicht werden können. Nur dann erfüllt sie die Anforderungen, die an sie gestellt werden. Der Bharata Natyam erfüllt diese Anforderung in höchstem Maße. Er enthält sowohl Sadhana als auch Yajna, indem er eine Disziplin darstellt, die zum Wohle des Ausübenden und der Allgemeinheit gereicht. Deshalb wird jeder, der die Kunst des klassischen indischen Tanzes gemäß seiner überlieferten Regeln und mit Disziplin und Ausdauer ausübt, die Erfahrung dieser kosmischen Glückseligkeit machen. Dort erst wird die Suche nach Wahrheit beendet sein. Doch all dies ergibt sich nicht von selbst. Das Erlernen dieses über Jahrtausende erhalten gebliebenen göttlichen Tanzes verlangt Hingabe, regelmäßiges Lernen und Üben und oft auch Anstrengung. Doch beginnt man erst damit, so kommt all dies, so denke ich, ganz natürlich.

Nittra-Pose aus dem Nattadavu

Kapitel II

Ursprung und Geschichte

1. Indische Kosmologie und Weltsicht

Ein Chronologie-Liebhaber wird keine große Freude haben, wenn er das reichhaltige Erbe der indischen Kunst geschichtlich zurückverfolgt. Für die Zeit vor Christus und einige Jahrhunderte danach gibt es nur wenig genaue Daten über die indische Geschichte, so daß es schwerfällt, Mythologie und wirkliche Geschichte voneinander zu trennen. Die wenigen bekannten Daten sind durch das Studium der vedischen Schriften zusammen mit dem *Natyashastra*, dem altindischen Tanztext, und nachfolgender Kunstdokumentationen zum Vorschein gekommen. Aufgrund nachweislicher Einflüsse anderer bedeutender Kulturen wie der der Ägypter und Griechen auf das Kunstgeschehen Indiens, insbesondere auf die Architektur, Bildhauerei und Tempelbauten, konnten weitere Vergleichsdatierungen gemacht werden.

Um den geringen Sinn für geschichtliche Chronologie insbesondere im antiken Indien zu verstehen, muß man sich mehr mit der indischen Denkweise und dem indischen Weltverständnis auseinandersetzen. Der Inder denkt von Natur aus in größeren zeitlichen Dimensionen, als man dies im Westen gewohnt ist. Dadurch werden Zeitbegriffe von Minuten, Stunden, ja sogar von Jahren und Jahrhunderten zu unbedeutenden Bruchteilen in der Weltgeschichte. Dem Inder ist es auch nie darum gegangen, geschichtliche Ereignisse fein säuberlich nach ihrem Geschehen zu ordnen, sondern vor allem darum, die grundlegenden Erkenntnisse, die daraus gezogen werden können, zu vermitteln. Dies und nur dies wird von ihm als sinnvoll und hilfreich für weitere Generationen betrachtet, nicht der Zeitpunkt, zu dem ein solches Ereignis stattgefunden hat. So etwas würde nur die Neugierde befriedigen, nicht aber zum Verständnis der Sache beitragen.

Die Wichtigkeit der geschichtlichen Ereignisse ist in Indien nach der zeitlichen Gültigkeit ihres Wahrheitsgehaltes eingestuft worden. So ist es verständlich, daß mythologische Geschichten aus Zeiten, die nach westlichem Verständnis zum Teil bereits in vorzivilisatorischen Perioden gelegen haben, mit späteren Ereignissen und Örtlichkeiten gekoppelt und vermischt wurden, wenn dies von den Geschichtsschreibern als sinnvoll betrachtet wurde, um ethisch-moralische Zusammenhänge damit treffender darstellen zu können und möglicherweise auch um die Glaubwürdigkeit der Erzählungen zu belegen.

Das indische Verständnis der sichtbaren Existenz aller Dinge liegt in ihrem Begreifen als etwas immer Wiederkehrendes, schon oft Dagewesenes. Es ist ein Verständnis der Ewigkeit innerhalb des Vergänglichen. Nichts ist neu, alles ist schon einmal gewesen. Dieses Denken in Zyklen hat seinen Niederschlag in allem, was der Inder tut, auch in der Kunst. Die Musik Indiens bewegt sich in Zyklen, ihr Rhythmus besitzt einen zyklischen Ablauf, und *Shiva Nataraja*, der Gott des Tanzes, versinnbildlicht diesen ewigen Zyklus von Entstehung und Auflösung der sichtbaren Welt.

In der indischen Geschichtsschreibung wird dieses Verständnis genau definiert, und die einzelnen Zyklen und ihre Zeitspannen werden exakt angegeben[1].

So kommt die Ewigkeit der relativen Schöpfung in unzähligen Leben der göttlichen Mutter (*Shakti*) zum Ausdruck. Jede dieser Zeitspannen zerfällt in 1000 Lebensspannen des Gottes Shiva. Ein Leben Shivas wiederum entspricht 1000 Lebensspannen von Gott Vishnu und ein Leben Vishnus erstreckt sich über 1000 Lebensspannen von Brahma, dem Schöpfer. Eine Lebensspanne Brahmas umfaßt 360 Jahre. Ein Jahr Brahmas besitzt zwölf Monate und jeder Monat dreißig Tage[2]. Die Bezeichnung für einen Tag Brahmas ist *Kalpa*. Ein Kalpa entspricht 2000 Mahayugas oder Chaturyugas, das sind je 12000 Götterjahre oder 4320000 Menschenjahre. Jedes dieser Chaturyugas umfaßt vier *Yugas*. Diese werden nach der Reihenfolge ihrer Entstehung *Satya-* oder *Krita-Yuga*, *Treta-Yuga*, *Dvapara-Yuga* und *Kali-Yuga* genannt.

Die Zeitdauer der einzelnen Yugas richtet sich nach der Spanne des ersten, des Satya-Yugas. Das Treta-Yuga beträgt demnach dreiviertel der Länge des Satya-Yugas, das Dvapara-Yuga die Hälfte desselben und das Kali-Yuga entspricht noch einem Viertel davon.

Indischen Aufzeichnungen zufolge befinden wir uns heute im Anfang eines Kali-Yugas.

---

1 Nach dem Vishnu-Dharmotrara-Purana.
2 Dies bezieht sich auf den traditionellen Hindu-Kalender, nach dem das Jahr in zwölf Monate zu je dreißig Tagen aufgeteilt war und sich nach der Sonnenwende orientierte.

Obwohl uns diese kosmologischen Vorstellungen im ersten Moment unvorstellbar erscheinen, ist es doch interessant festzustellen, daß es Hinweise gibt, die eine verblüffende Ähnlichkeit der neuesten wissenschaftlichen Erkenntnisse des Westens mit den jahrtausendealten Vorstellungen der indischen Kosmologie erscheinen lassen.

Auf dieser Basis indischen Denkens ist es verständlich, daß es für indische Geschichtsschreiber nicht möglich war, eine chronologische Ordnung der wichtigsten Ereignisse vorzunehmen, und daß eine solche auch nicht als nötig empfunden wurde. Es ist sehr bemerkenswert, daß gerade Epen, die geschichtliche Ereignisse aus der Zeit der letzten Yugas erzählen, die also vorvedischen Ursprungs sind wie zum Beispiel das *Ramayana*, heute noch zu den beliebtesten Literaturen Indiens gehören.

Einem im Westen immer wieder auftauchenden Argument, daß die Inhalte solcher Schriftwerke als reine Erfindung und als Märchen zu betrachten seien, da durch eine fehlende Chronologie kein sicherer Beweis für ihre Authentizität bestehe, ist entgegenzuhalten, daß Wahrheit für den Inder eine völlig andere Bedeutung hat als für Menschen westlicher Kulturen.

Chronologie ist kein Garant für absolute Wahrheit. Wahrheit ist für den Inder etwas Unsterbliches, immer Gültiges. Seine Essenz entnimmt er *dem* Bereich des Denkens, der untrüglich rein, daß heißt wahr ist. Erleuchtung ist der Zustand menschlichen Denkens, der von dieser Wahrheit erfüllt ist. Einem erleuchteten Menschen wird die Möglichkeit zugestanden, Wahrheit in seiner Saatform zu erkennen und in eine nicht-kopierbare Form zu kleiden. Es ist dies die ungewöhnliche Versform, die in Sutras und vedischen Hymnen zum Ausdruck kommt. Da die Fähigkeit, solche Hymnen zu verfassen, unabdingbar mit einem geläuterten Bewußtsein verknüpft wird, wurden in der Antike − und werden heute noch − nur entsprechende Schriften als untadelige Wahrheit akzeptiert; nur sie erhalten den Status eines *Shastras*, das heißt einer auf reinem Wissen beruhenden Wissenschaft! Nicht Chronologie ist für den Inder ein Beweis, sondern die umfassende geistige Größe des Schriftstellers.

2. Die vorvedische Zeit

Die archäologischen Funde von Mohenjodaro und Harappa zeigen, daß bereits zur Zeit der alten Induskultur zwischen 4000 und 1500 vor Christus Tanz und andere darstellenden Künste in Blüte gestanden haben müssen. Die Statue einer Tänzerin aus dem Industal zeigt besonders in der Brustpartie eine ganz typische Tanzhaltung (*Nritubhanga*), wie man sie später in südindischen, drawidischen Skulpturen und Darstellungen des klassischen Tanzes wiederfindet. Ebenso zeigt einer der gefundenen männlichen Torsos bereits die für die Darstellung von Shiva Nataraja, dem Herrn und Gott des Tanzes, typische Haltung, wie sie in der Chola-Dynastie in Südindien um 1200 nach Christus wieder üblich wurde.

Die Induskultur war eine weit fortgeschrittene Städtekultur mit hohem sozialem und wirtschaftlichem Stand und einem ausgeprägten Sinn für Kunst und Architektur. Ihre Hochblüte erfuhr sie vor dem Einbruch der indoarischen Nomadenvölker.

Bildliche Darstellungen aus der Induskultur — wie eine dreiköpfige Gottheit (Hinweis auf die spätere hinduistische Trinität Brahma, Vishnu, Shiva) und büffelartige Tiergestalten (Nandi, das Reittier Shivas?) — können als Urformen der späteren hinduistischen Gottheiten betrachtet werden. Das alles zeigt, daß die Indus-Gesellschaft vor dem Eindringen der Arier in Nordindien eine eigenständige Kunst und Kultur entwickelt hatte, die erst später mit der vedischen Kultur der Arier verschmolz und allmählich das heutige hinduistische Kulturgut formte.

3. Die vedische Zeit

Es ist erstaunlich, wie groß die Ähnlichkeit zwischen der Industal-Gesellschaft und der südindischen drawidischen Kultur ist. Dies wird durch das Verfolgen der geschichtlichen Ereignisse jener Zeit verständlich.

Die Gesellschaft der Industal-Kultur wurde von den Ariern um ca. 1500 vor Christus angegriffen, schließlich besiegt und teilweise verdrängt. Das kriegerische Nomadenvolk der Arier wurde dann im fruchtbaren Nordindien seßhaft, sichtlich angezogen von der faszinierenden, bereits blühenden Kultur der Drawiden im Industal. Viele Gelehrte und Künstler dieser Kultur sind im Zuge der arischen Eroberer in den Dekhan und den Süden Indiens geflüchtet und haben die Kulturen dieser Gebiete zusätzlich befruchtet. Dies hat den Süden Indiens nachhaltig kulturell geprägt und ihm jene Stabilität gegeben, die ausschlaggebend dafür war, daß er seine Integrität auch während späterer Einfälle anderer Völker im Norden bewahren konnte.

Obwohl die Arier außerordentlich stolz auf ihre auf den vedischen Schriften (*Veda* heißt Wissen) basierende Kultur waren, vermischte sich diese allmählich mit der Kultur der noch im Norden Indiens verbliebenen Drawiden aus der Indus-Gesellschaft. Gleichzeitig kann ein kultureller Einfluß der Mundas, der eigentlichen Urbevölkerung Indiens, deren Nachkommen heute im unwegsamen Hochland Mittelindiens beheimatet sind, nicht von der Hand gewiesen werden.

Der eigentliche Ursprung des drawidischen Volkes ist genauso unklar wie der der Arier. Es gibt Spekulationen, wonach die Drawiden Abkömmlinge der Bewohner des legendären Kontinents Lemuria seien, der sich einmal im indischen Ozean befunden haben soll. Wie dem auch sei, sicher ist, daß sie als »Gäste« auf den indischen Subkontinent kamen und in friedlicher Koexistenz mit den Mundas, der Urbevölkerung Indiens, lebten.

Sicherlich hat während dieses langen Nebeneinanders eine gegenseitige kulturelle Beeinflussung stattgefunden.

Die Quelle des heutigen klassischen Tanzes in Indien muß demnach in der Symbiose der drei Kulturen des alten Indiens gesucht werden. Nur dadurch sind die verschiedenen Quellenangaben bezüglich des Ursprungs des Tanzes erklärbar. Möglicherweise, ja sogar sehr wahrscheinlich, sind die verschiedenen Aspekte des Tanzes aus den unterschiedlichen Traditionen dieser Kulturen erwachsen. So ist anzunehmen, daß der nicht-mimische oder reine Tanz hauptsächlich aus dem kosmischen Tanz Shivas abgeleitet wurde. Shiva ist ursprünglich wahrscheinlich eine drawidische Gottheit und wurde später dem Sturmgott Rudra aus dem vedischen Pantheon gleichgestellt beziehungsweise mit ihm identifiziert.

4. Die vedischen Schriften

Die ersten schriftlichen Hinweise auf die Existenz und Bedeutung des Tanzes finden sich im *Rigveda*, der ältesten Aufzeichnung menschlicher Erfahrung, die der Welt bis heute erhalten geblieben ist. Der Rigveda ist eine Sammlung zahlreicher Hymnen, die von verschiedenen Rishis (Weisen) in der als goldenes oder vedisches Zeitalter bezeichneten Periode im Zustand tiefer innerer Versenkung hervorgebracht wurde. Die Entstehungszeit dieser Hymnen ist unklar. Es ist anzunehmen, daß sie über viele Jahrhunderte hinweg durch Familientradition von Mund zu Ohr weitergegeben wurden, bevor sie schließlich aufgezeichnet wurden, um sie vor dem Verlorengehen durch das Aussterben einzelner Familien zu bewahren. Sicher ist nur, daß die meisten Hymnen des Rigveda vor dem Eindringen der Indoarier in Nordindien entstanden sind. Demgemäß müßten sie mehr als 3.500 Jahre alt sein.

Der Rigveda erwähnt an verschiedenen Stellen den Tanz als theatralisches Ausdrucksmittel. Aus der Bedeutung, die der Tanz in der vedischen Götterwelt besaß, ist zu schließen, daß Tanz und Schauspiel bereits in vedischer Zeit eine große Rolle gespielt haben müssen. So wird zum Beispiel an mehreren Stellen Indra, der Herr des Himmels, als *Nritu*, der Tanzende, bezeichnet. Auch spricht der Rigveda an einer Stelle über Ushas, die Göttin der Morgenröte: „Sie legt sich wie eine Tänzerin bunte Farben auf . . ." (Rigveda 1.92.4). Die himmlischen Wesen, die Gandharven und Apsaras (den Engeln des Christentums vergleichbar), haben die Götter mit Tanz, Musik und Schauspiel unterhalten. Dies wird im Rigveda unter anderem durch die Ballade vom König Pururavas, der sich in die schöne Apsaras Urvashi verliebte, belegt.[3].

Um ca. 1000 vor Christus ist der Rigveda durch drei weitere Vedas ergänzt worden: den *Samaveda*, *Yajurveda* und den *Atharvaveda*. Diesen folgten verschiedene Upavedas (Nebenvedas) wie: *Ayurveda* (behandelt die Medizin), *Gandharvaveda* (Musik) etc.

5. Das Natyashastra

Bereits in vedischer Zeit hatte der Tanz in der arischen Gesellschaft eine große Bedeutung. Seine Ausdrucksform war die des *Abhinaya*, das heißt einer Kombination von einfachem Tanz, Musik und Schauspiel. Hinweisen aus dem Rigveda kann man entnehmen, daß Liebesdramen und heroische Erzählungen aus der Götterwelt sowie epische Heldenüberlieferungen bevorzugte Tanzthemen waren. Diese Tänze wurden vornehmlich an den Höfen der Könige aufgeführt und müssen prächtig ausgeschmückt gewesen sein. Es ist durchaus möglich, jedoch nicht belegt, daß in dieser Zeit der Tanz bei vedischen Ritualen ebenfalls eine Rolle gespielt hat. Sicher jedoch ist, daß er einer zahlenmäßig geringen Oberschicht vorbehalten und für das einfache Volk weder in großem Maße zugänglich noch verständlich war, da sich dieses bereits arisch-drawidisch gemischt hatte.

Es ist anzunehmen, daß gleichzeitig sakral geprägte Tänze in den Tempeln der Drawiden zur Aufführung kamen, die jedoch von den stolzen Ariern, die keine Tempel kannten, als etwas Geringeres betrachtet wurden.

---

3 *Rigveda* 10,95; die vollständige Episode ist uns im *Sathapatha Brahmana* überliefert. Sat.Br. 11,5,1.

Schöpfergott Brahma (Halebid)

So bestanden zwei unterschiedliche klassische Tanzformen, die nur geringe gegenseitige Beachtung fanden und die wegen ihrer verschiedenen Natur —wenn auch sicherlich als schön und faszinierend empfunden — kaum gegenseitige Würdigung erfuhren. Deshalb ergab sich allmählich vom Volke ausgehend die Notwendigkeit einer allen verständlichen Form des Tanzes.

Dies führte zur Geburt des *Natyashastra*, dem wohl ältesten Lehrbuch über Tanz und Schauspiel. Seine Entstehung wird dem Weisen Bharata zugeschrieben. Doch bereits das Natyashastra verweist in seinen Texten auf noch früher entstandene Tanzschriften, *Natasutras* genannt. Diese waren die erste nachweisliche Literatur, in der Tanz und Dramatechnik kodifiziert waren. Außer Bharata im Natyashastra verwies auch Panini, bekannt durch seine Werke über Sanskritgrammatik, in seinen Schriften auf die Natasutras und ihre Verfasser Shilalin und Krishashva.

Dem Natyashastra zufolge haben die Götter den Schöpfergott Brahma beauftragt, einen fünften Veda zu schaffen, mit Hilfe dessen die Angehörigen aller Stände (Kasten) die brahmanischen Lebensziele von *Dharma* (Recht und Sitte), *Artha* (weltlich-materielle Erfüllung), *Kama* (Liebes- und Sinnesfreuden) und *Moksha* (Erlösung, Befreiung) erfüllen könnten. Brahma nahm dazu aus dem Rigveda die Rezitation, aus dem Samaveda den Gesang, aus dem Yajurveda Tanz und Schauspiel und aus dem Atharvaveda die *Rasas* (Gefühlshaltungen beziehungsweise -regungen) und bildete damit den fünften Veda, *Natyaveda* genannt. Dieser enthält dann seine Gestalt im *Natyashastra*.

Bharata, ein Weiser von erleuchteter Schau, erhielt dieses Wissen von Brahma. Er gilt deshalb als Begründer des *Natyashastra*. *Natya* bedeutet Tanz und Schauspiel, und *Shastra* ist die Bezeichnung für eine wissenschaftliche Lehre.

Das Natyashastra wurde denn auch in der Folge als ein den vedischen Schriften vergleichbares und ebenbürtiges Werk gewürdigt und geachtet. In Indien wird es als göttliche Offenbarung angesehen und als ein Buch der unantastbaren Weisheit betrachtet. Seine Entstehung ist mythisch und konnte bis heute nicht befriedigend enträtselt und gedeutet werden.

Um das Natyashastra, das den Schöpfergott Brahma als Urheber dieses Wissens bezeichnet, richtig zu deuten, ist es notwendig, über die personifizierende Bedeutung Brahmas hinauszugehen[4]. Brahma hat einen persönli-

---

4 Die von der Autorin vorgenommene Deutung des Entstehungsmythos des Natyashastras ist völlig neu und hat deshalb noch nicht Eingang in die allgemeine Diskussion gefunden.

44

chen Aspekt in der Funktion als Schöpfer des Universums und einen unpersönlichen mystischen Aspekt, der sich dem Menschen in Form des göttlichen Bewußtseins *Brahmananda* offenbart. Die Verwirklichung dieses »Glückseligkeitsbewußtseins« wird als Selbstrealisation oder Erleuchtung bezeichnet. Dadurch, daß das Natyashastra sagt, Bharata hätte dieses Wissen von Brahma erhalten, wird der allumfassende göttliche Bewußtseinszustand Bharatas ausgedrückt und die göttliche Herkunft des Natyashastras belegt. Diese Deutung erlaubt deshalb die Terminologie, Bharata habe das Wissen *von Brahma* erhalten.

Im weiteren heißt es im Natyashastra, Bharata habe das fehlende dynamische Element des Tanzes von Tandu, einem Schüler des Gottes Shiva, dem Herrn des Tanzes, erlernt. Dies könnte bedeuten, daß Bharata einer arischen Familie entstammte und keine Kenntnisse des drawidischen Tanzes besaß. Der drawidische Tanz war der sakrale oder mystisch-kosmische Tanz Shiva Nateshwaras. Daraus folgt, daß sich Bharata zu Tandu, wahrscheinlich ein Meister der drawidischen Tanzkunst in einem Shiva geweihten Tempel, begeben hat und von ihm in der Kunst des *Nritta*, das heißt des rein technisch geprägten und nichterzählenden Tanzes unterrichtet wurde. Die Tatsache, daß Tandu in einem Tempel Shivas lehrte, rechtfertigt es, ihn als *Schüler Shivas* zu bezeichnen.

Schließlich wird durch die Aussage, daß die vedischen Götter Brahma beauftragt haben, dieses Wissen hervorzubringen, die Herkunft des nichtarischen Teils der Tanztheorie und -praxis im Natyashastra »legalisiert« und dieser Tanz auf dieselbe Stufe wie der vedisch-arische Abhinaya gestellt. Dies bewirkte in der Folge eine allmähliche Akzeptanz und Gleichstellung der drawidischen Religion mit den arischen Gottesvorstellungen und führte langsam zur Integration beider Kulturen.

Heute noch geht die Bedeutung des Natyashastra weit über die eines Tanz-Lehrbuches hinaus. Es ist ein Werk, das für alle darstellenden Künste Gültigkeit besitzt. Ohne ein Studium des Natyashastras wären die ausdrucksstarken Skulpturen von Tänzern und Tänzerinnen an den Tempeln Indiens wohl kaum möglich gewesen.

Bharata selbst wird im Natyashastra mit den Worten zitiert: »Nirgends wird man eine Weisheit finden, eine Lehre, Kunst oder Handwerk, eine Anweisung oder Handlung, die nicht in *Natya* (Tanz und Schauspiel) enthalten ist«. Weiter heißt es: »Ich habe diese Kunst nach den Beweggründen der Welt geschaffen, damit, wer die moralischen Gesetze befolgt, ob in Arbeit, Spiel, Gewinn, Ruhe, Gelächter, Krieg oder Massaker, die Früchte der Recht schaffenheit erntet, Ungerechte aber unterdrückt werden; damit sie eine Disziplin sei für die Befolger einer Ordnung, um Weisheit im Unwissenden zu schaffen und Gelehrsamkeit im Gelehrten; um den Königen Unterhaltung zu ermöglichen und Geduld den Leidtragenden zu schenken; um von verschiedenen Stimmungen erfüllt und von den wechselnden Gefühlen der Seele informiert zu werden; um im Dienste der ganzen Menschheit zu stehen ungeachtet der sozialen Stände; um vortreffliche Ratsherren erstehen zu lassen und angenehme Freizeit zu gewähren und solches mehr!«

Im Natyashastra wird deutlich ausgedrückt, daß diese Kunst nicht nur dem Gelehrten, sondern dem einfachen Menschen gleichermaßen Erfüllung bringen sollte. Die Philosophie des Natyashastra ist darum eine Philosophie ohne Kastendogmen.

Obwohl das Natyashastra dem Weisen Bharata zugeschrieben wird, kann mit Sicherheit angenommen werden, daß es nicht von ihm selbst, sondern von mehreren Generationen oder gar Jahrhunderte nach ihm von seinen Nachkommen oder Nachfolgern seiner Tradition verfaßt wurde. Seine genaue Entstehungszeit ist unklar. Da es Stück um Stück von mehreren Verfassern aufgezeichnet wurde, ist anzunehmen, daß es über einen Zeitraum von mehreren Jahrhunderten allmählich vervollständigt wurde. Nach langer Zeit mündlicher Überlieferung wurde es also erst zwischen dem 2. Jahrhundert vor und dem 4. Jahrhundert nach Christus niedergeschrieben. Das Natyashastra ist auf Palmblättern in mehreren Versionen vollständig erhalten geblieben und wird hauptsächlich im Sarasvati-Mahal-Museum in Tanjore und zu einem geringen Teil in Kerala aufbewahrt.

Mit der allmählichen Entstehung des Natyashastra wurde ein Prozeß eingeleitet, der nicht nur den verschiedenen Tanztraditionen eine einheitliche Grundlage gab, sondern auch den Beginn einer Synthese der arischen und drawidischen Religionen darstellte, da der Tanz eng mit den jeweiligen religiösen Vorstellungen und Bräuchen der Arier und Drawiden zusammenhing. So sind in der Vergangenheit allmählich jene ethisch-religiösen Vorstellungen entstanden, die in der Folge zum heutigen Hinduismus geführt haben.

Die Entstehung des Natyashastras war somit im weitesten Sinne eine (religions-)geschichtliche Notwendigkeit. Dies erklärt vielleicht auch die ungewöhnlich hohe Einschätzung und Bedeutung dieses Werkes während der vergangenen zwei Jahrtausende bis in die heutigen Tage.

6. Die nachvedische Zeit

In der vedischen Zeit eroberte der Tanz einen würdigen Platz im Leben der Arier. Prinzen, Prinzessinen und »kultivierte Leute« betrachteten den Tanz als höchstes Kulturgut und würdigten seine Darstellungen als vollendete künstlerische Leistungen. Sie erlernten die Künste mit vollem Ernst und mit Hingabe. Diese Haltung herrschte während der ganzen Zeit von etwa 1000 bis 500 vor Christus vor.

Sowohl die Arier als auch die Drawiden hatten eine pantheistische Weltvorstellung, jedoch mit unterschiedlicher Prägung. Während die Arier die fünf Elemente, aus denen sich die Welt zusammensetzt[5], verehrten und ihre Götter als personifizierte Naturgesetze, das heißt »als Verwalter« dieser Elemente darstellten, waren die Vorstellungen der Drawiden weit komplexer. Für sie waren die Götter Sinnbild und Personifizierung der kosmischen Ordnung, die in der weltlichen Ordnung ihren Ausdruck fand.

Anders als die Drawiden verehrten die Arier ihre Gottheiten nicht in Form von bildlichen und figürlichen Idolen. Ihre Religion konzentrierte sich auf Rituale, die den Zweck hatten, durch Zuhilfenahme der Macht der Götter die Wirkung der fünf Elemente auf den Menschen zu stimulieren.

Im Verlaufe der Zeit wurden die bei diesen Ritualen verwendeten, sehr abstrakt abgefaßten vedischen Hymnen immer weniger verstanden, so daß es notwendig wurde, Anleitungen zu ihrem richtigen Gebrauch zu geben. Es entstanden die *Brahmanas*, die Aufschluß über Art und Gebrauch der vedischen Hymnen geben, und die *Upanishaden*, die Zweck und Nutzen der Rituale beschreiben und ein allgemeines, tieferes Verständnis des göttlichen und menschlichen Lebens geben. Sie sind die Quelle für die tiefen religiösen und philosophischen Gedanken Indiens. Auch die indische Kunstphilosophie, die besagt, daß die richtige Ausübung von Kunst zur Befreiung der Seele führt, entstammt hauptsächlich den Upanishaden.

Der Tanz in dieser Periode war eine Darstellung des göttlichen Tanzes und als solcher Sinnbild und Mittel zur mystischen Vereinigung mit Gott.

In der folgenden Zeit entstanden die brillanten philosophischen Werke und Erläuterungen zu den Upanishaden des legendären Weisen Adi Shankara, der damit zum Begründer von heute noch bedeutenden philosophischen Richtungen und Ordenstraditionen wurde. Ihnen folgten die Erzählungen

---

5 Siehe Kapitel III

des *Mahabharata*, aufgezeichnet vom weisen Geschichtsschreiber Veda Vyasa, deren politisch-moralischer Gehalt von ewigem Wert ist. Im zentralen Werk des *Mahabharata*, der *Bhagavad Gita*, ist uns zudem eine Schrift von unvergleichlich philosophischer Tiefe überliefert.

In dieselbe Periode fällt die Entstehung des *Ramayana*, das von dem Weisen Valmiki verfaßt worden sein soll. Die feinfühligen und schillernden poetischen Erzählungen des Ramayana sind voll von tiefer Ethik und Moral und noch heute beispiellos, weil von immmerwährender Gültigkeit.

Den vedischen Ritualen wurde in jener Epoche eine über allem stehende Bedeutung beigemessen. Sie wurden jedoch zunehmend komplexer und immer schwerer begreifbar. Die Religion lebte von intellektuellen Streitgesprächen der Gelehrten über die Bedeutung und Art der Auslegung der Schriften.

Die Brahmanen (Priester) jener Zeit vertraten die Ansicht, daß nur Brahmanen Erleuchtung, das heißt Befreiung der Seele erlangen könnten. Darum entstand ein großes Bedürfnis nach einem Weg, der es jedermann ermöglichen sollte, Erlösung zu finden. In dieser Zeit (um 530 v. Chr.) kam Buddha mit seiner Lehre der Befreiung (*Nirvana*). Diese Lehre wurde in der Folge Pali-Buddhismus genannt. Sie konzentrierte sich ausschließlich auf spirituelle und weltentsagende Aspekte des Lebens. Dadurch verlor der Tanz langsam seine religiös-künstlerische Bedeutung und wurde nunmehr nur als einfache Unterhaltung für Edelleute betrachtet. Selbst für die Angehörigen adeliger und »anständiger« Familien war es fortan unschicklich zu tanzen, zu singen und zu musizieren, da dies zum Bereich weltlichen Genusses gehörte.

Die Epen und mythologischen Geschichten, die in der folgenden Zeit verfaßt wurden, drücken fast alle den inneren Zwiespalt von Entsagung und Versuchung des Menschen aus. Wunderschone epische Balladen sind uns aus dieser Zeit überliefert. Sie erzählen von Apsaras, den himmlischen Tänzerinnen, wie sie zur Erde kamen, um zurückgezogene Asketen in ihren Meditationen zu stören, indem sie diese verführten, um sie von ihrem Vorhaben, Erleuchtung zu erlangen, abzubringen.

Gleichzeitig mit der buddhistischen Reaktion gegen den Übereifer des brahmanischen Ritualismus entstanden noch andere Glaubensrichtungen, wie der Jainismus. Obwohl ihre Entstehung parallel verlief, unterschieden sich Buddhismus und Jainismus in ihren philosophischen Grundprinzipien deutlich.

Ashoka, der in der Zeit um 250 vor Christus das mächtige indische Großreich schuf, das außer dem fernen Süden den gesamten indischen Subkontinent umfaßte, war maßgeblich an der Verbreitung des Buddhismus beteiligt. Er ernannte den Buddhismus in seinem Herrschaftsgebiet zur Staatsreligion und sandte sogar buddhistische Gelehrte in die Nachbarländer. Nach seinem Tod aber setzte in Indien ein rascher Verfall des Buddhismus ein. Dieser bewirkte in der Folge eine starke Rückbesinnung auf die Lehren der Upanishaden.

Gleichzeitig erfuhr der brahmanische Pantheismus eine starke Umwandlung, die die Entstehung der heutigen hinduistischen Trinität von Brahma dem Schöpfer, Vishnu dem Erhalter und Shiva oder Maheshwara dem Zerstörer zur Folge hatte. Auch das gesamte Pantheon der drawidischen Gottheiten wurde in diese neue Glaubensform mit einbezogen. Der so entstandene Hinduismus umfaßte brahmanischen Ritualismus und neue Formen von Gottheiten aus der Synthese der vedischen und drawidischen Religionen.

7. Die nordindische Literatur und ihre Bedeutung für den Tanz

Das zuvor erwähnte hinduistische Lebensprinzip aus Dharma, Artha, Kama und Moksha ist ein Produkt dieser neuen Glaubensform. Nach und nach entstanden die insgesamt 18 *Puranas*, in denen dieses Lebensprinzip erstmals zum Ausdruck kommt. Die Puranas geben unzählige geschichtliche Beispiele dieser hinduistischen Ideale. Viele ihrer Erzählungen gehen auf angedeutete Episoden des Rigveda und anderer vedischer Texte zurück. Sie enthalten unter anderem auch wertvolle Abhandlungen über Staatskunst (Staatsführung), Gesetzgebung, Theologie, Philosophie, Naturwissenschaft, Kunst, Geschichte etc. und werden heute noch anerkannt und respektiert.

Die Puranas sind für den klassischen indischen Tanz von unschätzbarer Bedeutung, da sie die Quelle der indischen Mythologie, der Götter- und Heldenepen darstellen, von denen der Tanz seine inhaltliche Thematik bezieht.

Das Mahabharata, das Ramayana sowie die Puranas geben zudem genauen Aufschluß über die damalige Stellung des Tanzes in der Gesellschaft. So wird im Mahabharata berichtet, daß Arjuna, der große Held des Kampfes gegen die Unmoral jener Zeit, auf Empfehlung Indras, des Herrschers des Himmels, von den himmlischen Apsaras im Tanz und von den Gandharvas (männliche himmlische Wesen) in Musik unterrichtet wurde und danach ein hervorragender Tänzer und Musiker wurde.

Aspara mit Spiegel (Kumbakonam)

Die unsterblichen himmlischen Tänzerinnen (Apsaras) werden als unwiderstehlich betörende Schönheiten geschildert; allen voran Menaka, Rambha, Gritachi, Swayamaprabha sowie Mishrakeshi, die für Indra tanzte, und Urvashi, die sich in den (sterblichen) König Pururavas verliebt hatte und zur Strafe auf die Erde verbannt wurde, wo sie eine zeitliche Ehe mit ihrem Geliebten einging.

Vishwamitra, der als asketischer Rishi in der Abgeschiedenheit lebte, wurde auf Geheiß Indras durch Menaka in seiner Meditation gestört, da die Götter eine zu große yogische Macht des Rishis befürchteten.

50

Tänzerin in Nritta-Pose (Hoysaleshwara-Tempel, Belur)

Eine andere mythologische Erzählung berichtet, daß es Apsaras waren, die die Mädchen des Yadava-Reiches (identisch mit dem heutigen Dvaraka im Bundesstaat Gujarat) in Tanz und Musik unterrichteten, womit gesagt wird, daß der Tanz ursprünglich von den Apsaras kommt.

Das Ramayana erzählt, daß sowohl Shri Rama, König von Ayodhya und Hauptfigur dieses Epos, als auch sein erbitterter Gegner, der Dämonenkönig Ravana, versierte Tänzer und Schauspieler waren und das Musizieren sowie den Gesang vortrefflich beherrschten. Überhaupt kommt beim Studium der altindischen Schriften zum Ausdruck, daß Tanz und Musik in ferner Zeit im wahrsten Sinne des Wortes als königliche Künste betrachtet wurden und am Hofe als ehrwürdige und noble Freizeitbeschäftigung und Unterhaltung galten.

Das Mahabharata wiederum lieferte den Stoff für die Puranas, in denen Shri Krishna die Hauptfigur ist. Er wird dort als der höchste aller Tänzer gelobt. In den Puranas wird auch zum ersten Mal der berühmte *Rasa-Tanz* Krishnas beschrieben. Es ist der Reigen, den Krishna mit den *Gopis* (Hirtenmädchen) tanzt, und sein Tanz mit dem Hirtenmädchen Radha.

Zum ersten Mal wird auch das Konzept der hinduistischen Trinität Brahma, Vishnu und Shiva in den Puranas akzeptiert und der Tanz Shivas und Vishnus beschrieben.

Bereits um ca. 400 vor Christus gibt uns Panini in seinem *Astadhyayi* Informationen über Musik, Gesang und Tanz und erwähnt die Instrumente Vina, Mridangam und Zimbeln sowie die damals bekannten Tänzer und Schauspieler Shilalin und Krishnashva und ihre Schulen, deren Bühnendarstellungen etc.

Auch Kautilya, ein enger Berater Chandraguptas, des Begründers des Gupta-Reiches (um 320 n. Chr.), berichtet in seinem *Arthashastra*, der berühmten altindischen Staatslehre, bei der Beschreibung der damaligen sozialen Verhältnisse vom Tanz. Darin wird klar zwischen Tempeltänzerinnen (*Devadasis*) und Bühnentänzerinnen (*Nartakis*) unterschieden und erwähnt, daß beide ein strenges Training in den Künsten Tanz und Musik zu absolvieren hatten.

Patanjali (um ca. 400 n. Chr.), bekannt durch seine Yoga-Aphorismen, die *Yoga Sutras*, erläuterte unter anderem den Unterrichtsmodus für Tanz. Darin heißt es, daß Tanz durch Praxis und Training weitergegeben wird und nicht durch das Studium von Texten. Damit unterstreicht er die heute noch übliche Lehrmethodik des klassischen indischen Tanzes.

Vatsyayana (um 400 n. Chr.) gibt im *Kamasutra* eine Beschreibung der traditionellen 64 Künste und sagt, daß nur die Beherrschung aller dieser Künste einen vollendeten Künstler ausmache. Zudem streicht er die Wichtigkeit von Gesang, Musik und Tanz heraus, gibt Angaben über die Instrumente, Bühnen- und Garderoben-Beschaffenheit und -Anordnung sowie Hinweise auf die Haltung (Konzentration) eines Konzertbesuchers und Schauspielers. Im weiteren empfiehlt er Tanz auch als bloße Übung zur Ertüchtigung und Gesundhaltung des Körpers und für größere Leistungsfähigkeit.

Die in der buddhistischen Periode (ca. 500 v. – 600 n. Chr.) entstandene Literatur berichtet eher abweisend über Tanz und Musik. Sie werden als eine Art »Schlinge« bezeichnet, deren Anreiz (Verführung) man ungerührt ertragen und überwinden lernen sollte. Trotzdem wird uns in einigen Schriften jener Zeit über die verschiedenen Techniken des Tanzes berichtet. Wenn auch der Tanz in dieser Periode nicht gerade blühte, so wurde er doch von einigen Tänzerinnen erlernt, und seine Kunst wurde so gepflegt und bewahrt. Daß der Tanz auch in jener Zeit seine Bedeutung hatte, beweist die Literatur über eine bildhübsche Tänzerin, die Kurtisane Amrapali, deren tänzerisches Charisma derart überwältigend gewesen sein muß, daß sie lange Zeit als Tänzer-Ideal angesehen wurde und buchstäblich in die Geschichte des Tanzes einging.

Auch die jainistische Literatur (kanonische Schriften) befaßt sich immer wieder mit Tanz und Musik, orientiert sich aber im allgemeinen nicht an den Regeln des Natyashastra und ist aus diesem Grund tanztechnisch von geringer Bedeutung.

Nach der buddhistisch-jainistischen Periode kam die Zeit der Kunstdichtung, *Kavya* genannt. Die Kavya-Literatur gibt uns reichlich Informationen über das Erbe des Natyashastra und zeigt, daß man in dieser Zeit mit seinen Lehren völlig vertraut war.

Den inhaltlichen Stoff für diese Werke lieferten wiederum die vedischen Schriften und die frühen Epen. Ihr zentrales Thema war die Liebe. Gleichzeitig kam darin die tiefe Beziehung der Menschen dieser Zeit zur Natur zum Ausdruck. Die beliebtesten Charaktere waren die Götter, Könige, Helden und Apsaras. Die Handlungen waren stark gefühlsbetont (emotional) und dramatisch, jedoch von einer ausgesprochen romantischen Zartheit.

Diese Dramen enthielten das Konzept des *Angikabhinaya* (Sprache der Körpergestik aus dem Natyashastra). Obwohl es keine eigentlichen Tanzdramen waren, enthalten sie eine deutliche Zusammensetzung aus Tanz (*Nritta* und *Abhinaya*), Gestik und Gesang. Diese Dramadarstellungen lassen der Tänzerin genug Raum, um Einzelheiten, beispielsweise der Natur, durch Gestik, Mimik und Gesang zu interpretieren. So entstand eine Form des Schauspiels, in dem die Thematik der Balladen durch Gestik, Mimik (Schauspiel) sowie Gesang und Tanz dargestellt wurde. Der Tanz ermöglichte dabei den Fluß der Handlung, das heißt Gestik und Mimik wurden durch Tanzbewegungen ausgedrückt und dadurch miteinander verbunden.

Diese Form des Schauspiels ist sehr entfernt mit der Darstellungsform der klassischen Oper im Westen vergleichbar, wobei der Tanz aber in Indien eine bedeutend größere Rolle einnimmt. Aus der Sicht der Dramatechnik sind diese beiden Schauspielformen jedoch nicht zu vergleichen, da die klassische indische Theaterkunst und -technik zum einen viel differenzierter ist als die westliche, zum anderen die einzelnen Elemente von Gestik, Mimik, Tanz und Gesang eine vollkommene Einheit mit fließenden Übergängen bilden und nicht streng voneinander getrennt zur Darstellung gelangen. Zudem hat sich die klassische indische Theaterkunst in einer Zeit gebildet, als im Westen noch nicht einmal Ansätze einer solchen klassischen Kunstform vorhanden waren.

In der Kavya-Dichtung wird das Grundprinzip der klassischen Theaterkunst, wie es im *Natyadharmi* des Natyashastra niedergelegt ist, das heißt die mimische Darstellung, bis ins kleinste Detail sowohl idealistisch als auch konventionell getreu befolgt.

In den klassischen Dramen dieser Zeit legte man weniger Gewicht auf die Darstellung und Vermittlung von Ethik und Moral, obwohl das philosophisch-metaphysische Konzept dasselbe blieb wie zuvor. Das Hauptaugenmerk wurde auf die äußere Schönheit und Brillanz des Tanzes gerichtet, indem man sich auf die vedischen Ideale zurückbesann. Die innere Qualität eines Menschen wurde als essentiell betrachtet, um äußere Schönheit hervorbringen zu können. Die Charaktere der Dichtungen wurden mit tiefen menschlichen Gefühlen und Herzenswärme behandelt. Hier ist ein charakteristischer Einfluß des Buddhismus unverkennbar.

Der große Klassiker dieser Zeit (um ca. 400 n. Chr.) ist der gefeierte Dichter Mahakavi Kalidasa (wörtl.: der große Dichter), der bis heute unvergleichbar geblieben ist. Seine Dichtungen über Liebe waren äußerst differenziert und überaus blumig und rein, ohne die buddhistischen Elemente von Askese, Entsagung, Sehnsucht nach Erlösung und die mit ihnen verbundenen Leiden miteinzubeziehen. Die Schönheit und Freude des Lebens kommt in seinen Werken in einer wunderbaren poetischen Form zum Ausdruck. Kalidasa gilt heute als unbestritten größter klassischer Dichter Indiens. Sein Drama *Shakuntala* wurde von Goethe besonders bewundert und hat mit seinem Prolog dessen *Faust* beeinflußt.

Kalidasas Wissen über die Tanztechniken und sein Gefühl für die Feinheiten der Bewegungen einer Tänzerin waren genauso groß wie seine Geschicklichkeit in der Dichtkunst. In seinem Werk *Kumarasambhava* beschreibt er eindrücklich die Tänze Shivas und seiner Braut Parvati und der Göttin Kali. In den weiteren Werken *Raghuvamsha*, wörtlich Familienstamm (Geschichte) Ramas, und *Meghaduta* gibt er detailliert die verschiedenen Charaktere des Abhinaya wieder, erklärt Bedeutung und Art der Kleidung, des Schmucks etc. sowie der Musikinstrumente und ihrer Gesetzmäßigkeiten im harmonischen Zusammenwirken beim Tanz.

In jedem seiner Werke kommen ganz besondere Aspekte der klassischen Dramatechnik gemäß dem Natyashastra zum Ausdruck. Diese finden dabei

54

ihre personifizierte Gestalt in den Hauptcharakteren des jeweiligen Dramas. In Kalidasas Drama *Shudraka* wird Vasantasena als klassisches Beispiel einer vollendeten Tänzerin dargestellt. Sie verkörpert in ihrer Schönheit, Charakterfestigkeit, ihrem menschlichen Feingefühl und Edelmut und ihrer Gelehrsamkeit das Ideal jener Zeit. Im Charakter der Prinzessin Indumati wurde besonders das *Shringara-Ras* (Gefühl der Liebe) geprägt.

Auch in den Werken von Bhasa und Dandin sowie weiteren Klassikern jener Zeit haben Tanz und Musik einen wichtigen Platz eingenommen. Praktisch jede Einzelheit des Natyashastra wurde in den Werken der Kavya-Dichter angewendet. Die praktischen Beispiele in ihren Dramen haben wesentlich dazu beigetragen, daß der Tanz und seine Technik besser verstanden wurden, und sicherlich auch dazu, daß Tanz und Musik in der nachfolgenden Zeit eine überaus hohe Bedeutung im Leben der Menschen und in der Kunst allgemein erhielten.

Als in Nordindien die Gupta-Dynastien (ca. 300 – 500 n.Chr.), unter denen der Tanz in voller Blüte stand, im 5. Jahrhundert langsam auseinanderzubrechen begannen, wurde auch die Kunst in ihren Grundfesten erschüttert. Durch die Fremdherrschaft besonders der Perser wurde die Tradition des klassischen Tanzes nachhaltig geformt. Obwohl die muselmanischen Herrscher dem Tanz sehr zugetan waren, mieden sie die Darstellungsform des Abhinaya. Damit wurden Tanzformen geprägt, die einen stark technischen Charakter aufwiesen.

Trotz Verfolgung und der Vernichtung von Tempeln und Kunstobjekten war der Hinduismus stark genug, um sich innerhalb der muslimischen Fremdherrschaft zu behaupten. Obwohl spätere Moslem-Herrscher den Hindus erlaubten, ihre Kultur weiterhin zu pflegen, wurde in Nordindien der Tanz als sakrale Kunst immer mehr verdrängt und fand seinen Fortbestand besonders in verschiedenen Formen der höfischen Darstellung.

Gleichzeitig begann sich der Tanz im Süden Indiens, unberührt von den Ereignissen im Norden, zu seiner großen klassischen Blüte zu entfalten.

8. Die südindische Hochblüte

Nach dem Einfall der Indoarier in die drawidische Induskultur setzte eine Völkerwanderung drawidischer Stämme in Richtung Süden ein. Sie stießen während ihrer Wanderung auf verschiedene andere drawidische Völker, die im Hochland Mittelindiens und im Süden ansässig waren, und sie vermischten sich mit diesen. Das war möglicherweise der Anstoß zu einer kulturellen Entwicklung über einen Zeitraum von etwa 2000 Jahren, die dann zwischen dem 6. und 16. Jahrhundert nach Christus zu jener Hochblüte geführt hat, aus der uns Tempelbauten und Schriftwerte von unvergleichlicher Schönheit und nie mehr erreichter Vollkommenheit bis heute erhalten geblieben sind.

Ein eigentlicher Strom zuwandernder Völkergruppen — und mit ihnen auch Gelehrte und Künstler — setzte jedoch erst mit der Verbreitung des Buddhismus und Jainismus zur Zeit Ashokas um 250 vor Christus ein und wurde durch die Einfälle der Hunnen um 460 nach Christus und die Eroberungen der Araber um 712 und der Perser ab 998 nochmals verstärkt.

So haben sich die Kulturen der bereits um 100 nach Christus kulturell starken südindischen Königreiche der Pandyas, Cholas und Cheras mehrfach mit denen der nordindischen arisch-drawidischen Völkerschaften vermischt und bereichert und sind dadurch erneut gestärkt worden.

Um 500 wurden diese Königreiche von den Pallavas, einem mächtigen südindischen Herrschergeschlecht, erobert. Die Pallavas waren zunächst jainistisch und wurden um das 6. Jahrhundert hinduistisch. Dadurch wurde die vedisch-brahmanisch und drawidisch gemischte nordindische Kultur in Südindien belebt. Der Hinduismus, die nordindische Synthese dieser beiden Kulturrichtungen, fand gerade unter den drawidischen Völkerschaften des Südens — den Telugu sprechenden Bewohnern des Dekhans, den Kannada sprechenden im Gebiet des mittleren Südens, den Malayalam sprechenden in Kerala sowie den Tamilen im mittleren und östlichen Süden — einen äußerst günstigen Nährboden. Durch diese Hinduisierung erlebte der Süden in der Folge einen ungeahnten kulturellen Aufschwung. Diese Umstände sowie die Tatsache, daß der Süden von allen äußeren Einflüssen fremder Herrschaften und Kulturen über einen langen Zeitraum verschont geblieben war, haben eine kulturelle Entwicklung gefördert, in deren Verlauf die Architektur, die bildenden Künste und der klassische Tanz zu höchster Blüte gelangen konnten. Obwohl die südindische Kultur von der nordindischen stark abgegrenzt war, entfaltete sich ein reger Handel mit Südostasien, durch den hinduistisches Kulturgut wie Architektur, Tanz und Musik über Burma, Thailand, das heutige Kambodscha und Vietnam bis nach Indonesien gelangte und dabei in den einzelnen Ländern eigenständige, auf indischen Ursprung zurückgehende klassische Tanzformen entstehen ließ.

56

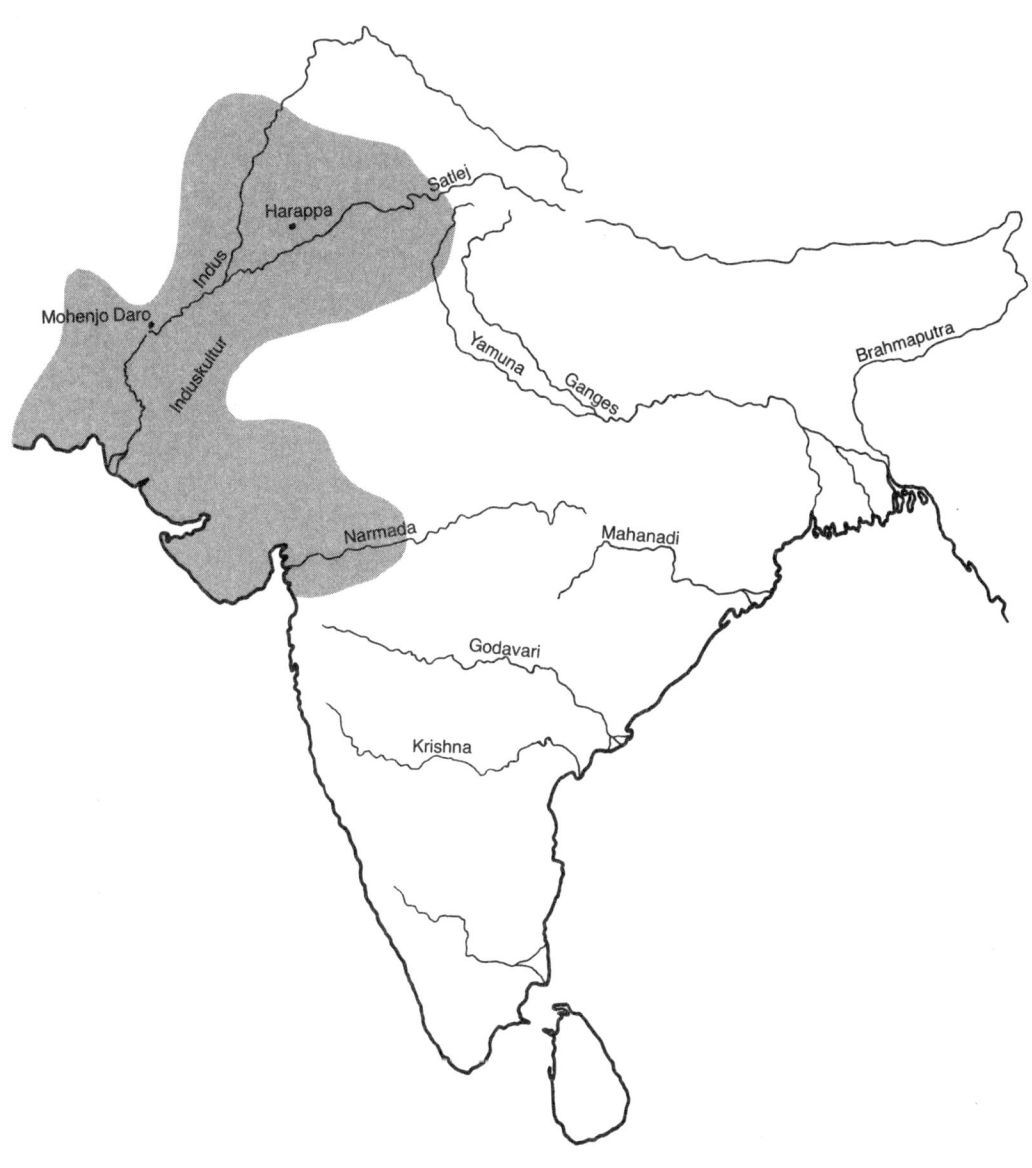

Mohenjo Daro

Harappa

Satlej

Indus

Induskultur

Yamuna

Ganges

Brahmaputra

Narmada

Mahanadi

Godavari

Krishna

Indisches Großreich zur Zeit Ashokas um 250 v. Chr.

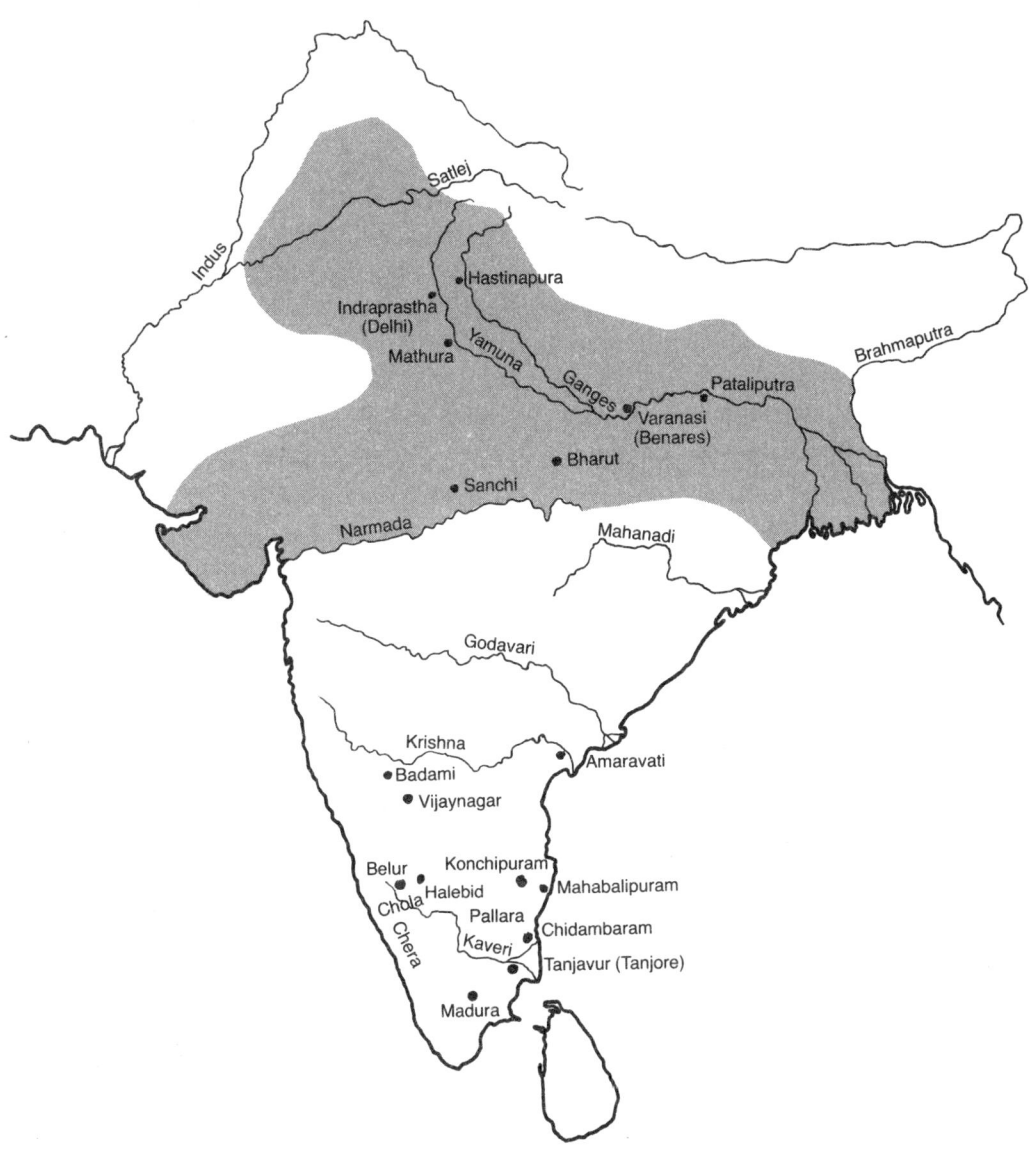

Guptareich zwischen 320 bis 1000 n. Chr.

9. Die südindische Literatur
und ihre Bedeutung für den Tanz

Obwohl die tamilische Literatur bis ins 5. Jahrhundert vor Christus zurückreicht, besitzen wir besonders aus der Zeit vor Christus nur spärliche Angaben über die damalige Kultur und die Herrschaftsverhältnisse im drawidischen Südindien. Zudem ist die bestehende Literatur noch nicht vollständig erforscht und ausgewertet worden. Sicher ist aber, daß sich die südindische Kultur völlig unabhängig zu einem bemerkenswert hohen Stand entwickelt hat.

Obwohl wir vielfältige und reiche Literatur über Tanz aus Nordindien besitzen, vermag uns nur die tamilische Literatur ein einigermaßen umfassendes Bild über die Geschichte und die Entstehung des Bharata Natyam in Südindien zu geben.

Die *Sangam-Literatur*, die im 5. Jahrhundert vor Christus beginnend bis ins 6. Jahrhundert nach Christus reicht, bezeugt die überaus wichtige Rolle des Tanzes in jener Epoche. Zu den ältesten Schriftwerken dieser Periode gehört das *Tolkappiyam*, dessen Anfänge bis ins dritte vorchristliche Jahrhundert zurückgehen. Darin wird uns ein genaues Bild über das Leben und die Traditionen der Tamilen, ihre Sitten und die sozialen und politischen Strukturen jener Zeit sowie die Bedeutung der unterschiedlichen geographischen Lagen vermittelt. Die Sangam-Literatur berichtet zudem ausführlich über Musik und Tanz, die damals schon ein integrierter Bestandteil der sozialen Gesellschaftsstruktur waren und zum alltäglichen Leben der Menschen gehörten.

Bereits im Tolkappiyam werden zwei verschiedene Arten des Tanzes genannt, der *Vallikuttu*, ein ritueller Tanz zu Ehren der Göttin Valli, der Gemahlin des Gottes Murugan, sowie der *Kazhanilakuttu*, ein Siegestanz, der zur Feier der glorreich zurückkehrenden Soldaten aufgeführt wurde. Murugan ist die alte südindische Bezeichnung für Karttikeya, den Sohn Shivas, der auch Skanda genannt wird.

Auch in der späteren Sangam-Literatur wird der rituelle Tanz aufgeführt. Im *Kuruntogai* (362 n.Chr.) findet sich eine Beschreibung von einem sakralen Tanz zu Ehren des Gottes Murugan.

Neben verschiedenen Tänzen ohne Namen — wie zum Beispiel rituellen Trancetänzen und solchen zu Ehren im Krieg gefallener Könige — verweist die Sangam-Literatur auch auf einen Tanz der Eunuchen, genannt *Pedikuttu*. Verschiedentlich geht aus der epischen Literatur Indiens hervor, daß in alter Zeit die Töchter und Frauen der vornehmen Familien von Eunuchen in Tanz und Musik unterrichtet wurden. So überliefert uns das Mahabharata, daß der mächtige Arjuna, nachdem er von den Apsaras und Gandharven Tanz und Musik erlernt hatte, im aufgezwungenen Exil, als Eunuche verkleidet, untertauchte und am Hof eines Königs als Tanz- und Musiklehrer aufgenommen wurde.

Ebenso erwähnt die Sangam-Literatur den *Kudakkuttu*, eine Darstellung des Gottes Mal, der später Vishnu genannt wurde. Dies ist bereits ein Hinweis auf einen ursprünglich nordindisch-brahmanischen Tanz, der von der Kultur Südindiens assimiliert worden ist.

Es wird uns weiter berichtet, daß Festivitäten und Unterhaltungen keineswegs nur königliche Domäne waren, sondern ebenso Teil des Lebens des einfachen Volkes. Dazu gehörten auch die Kurtisanen, *Parattaiyar* genannt, die nicht nur in Tanz und Musik gebildet waren, sondern ebenfalls das Flöten-, Leier-, Harfe- und Trommelspiel beherrschten.

Die Könige der Chola-, Pandya- und Chera-Dynastien waren große Förderer der Künste und veranstalteten in den Sangam-Akademien regelmäßig literarische Wettbewerbe und Wettkämpfe, beispielsweise zwischen Dichtern und Sängern. Die Sangam-Akademien waren die Lehrstätten der Künste und Wissenschaften in den drei Jahrhunderten vor und nach der Zeitwende und bildeten die Zentren der Tamil-Literatur. Besonders das große epische Gedicht *Shilapadikaram* (Geschichte oder Gedicht der Fußkette, um 200 n.Chr.) enthält eine Fülle von Einzelheiten über den Tanz an den Höfen dieser Herrscher.

Im Shilapadikaram wird zwischen zwei hauptsächlichen Tanzformen unterschieden, dem säkulären Tanz, der sich vom religiösen Tanz zur Bühnenkunst entwickelt hatte und von professionellen Tänzern dargeboten wurde, und dem rituellen Tanz, der von Gelegenheitstänzern aufgeführt wurde.

In der südindischen Literatur finden sich bis ins 7. Jahrhundert keinerlei Hinweise für die Existenz von fest angestellten Tempeltänzerinnen, das heißt für eine Institution von Devadasis. Die sakralen Tänze wurden sicherlich von ausgebildeten Tänzern aufgeführt; diese hatten jedoch eher den Status von Laiendarstellern, ganz im Gegensatz zum Bühnentanz, der von professionellen Tänzerinnen dargeboten wurde, die dafür eine Gage erhielten. Nicht selten waren dies Kurtisanen, die zudem von Königen und reichen Mäzenen unterstützt wurden. Solche professionelle Tänzerinnen und Kurtisanen (Prattaiyar) wurden *Nataka Ganikai* genannt.

Im Shilapadikaram erfahren wir, daß es bereits früher ein Werk über Tanz gegeben hatte. Dieses hieß *Jayantam*, nach Jayanta, dem Sohn Indras benannt. Jayanta wird mit dem *Talaikkol* in Verbindung gebracht, der in der Sangam-Periode eine große Bedeutung hatte. Der Talaikkol war ein Bambusstab, Symbol des Flaggenmastes eines Streitwagens.

Die Geschichte erzählt, daß Jayanta und die Apsara Urvashi durch schlechtes Benehmen den Weisen Agastya erzürnten, worauf dieser sie dazu verfluchte, auf der Erde als Bambusstock und als Kurtisane geboren zu werden. Zur Milderung seines Fluches erklärte Agastya, daß die Institution des Tanzes aus Jayanta hervorgehen und daß mit Urvashi eine große Tanztradition beginnen würde. Deshalb wurde früher jeder Tänzerin nach Abschluß ihres Tanzstudiums bei ihrem *Arangetram* ein Bambusstab überreicht.

Tatsächlich wird auch Madhavi, die unvergleichliche Tänzerin des Shilapadikaram, als direkte Nachfahrin Urvashis bezeichnet. Madhavi wird uns als vollendete unübertreffliche Tänzerin geschildert, die nicht nur in Tanz und Musik, sondern gleichermaßen in Literatur und Poesie gebildet war. Um ihr Arangetram in Gegenwart des Königs zu bestehen, hatte sie zuvor ein Studium von sieben Jahren absolviert. Der König war von ihrer Darbietung derart angetan, daß er ihr 1008 Goldtaler überreichte. Es heißt, daß Madhavis Tanz in genauer Übereinstimmung mit der festgelegten Weise war, so wie es in den Texten geschrieben steht.

Das Shilapadikaram gibt außerdem genauen Aufschluß über die diversen damaligen Tanzarten und -techniken inklusive der Mimik und Handgesten, über die Rolle der Musik im Tanz und die Instrumentierung, den Ablauf von Bühnenaufführungen und so weiter.

Daraus geht hervor, daß zahlreiche Elemente des im Natyashastra systematisierten klassischen Tanzes bereits in dieser Zeit in Südindien voll entwickelt gewesen sind. Besonders interessant ist der Umstand, daß damals das in Nordindien entstandene Natyashastra noch nicht vollständig war, geschweige denn in Südindien in seinem ganzen Umfang bekannt sein konnte. Dies belegt einmal mehr die eigenständige, unabhängig entstandene südindische Tanzkunst. Erst durch den Zuzug von Künstlern und Gelehrten aus dem Norden wurde der südindische Tanz mehrheitlich in Übereinstimmung mit den Lehren des Natyashastra gebracht. Damit wurden im südindischen Tanz Bezeichnungen üblich, wie sie in Nordindien durch das Natyashastra geprägt wurden, ohne aber eine Veränderung des ursprünglichen Charakters des südindischen Tanzes zu bewirken. Es war dies ein langer und allmählicher Prozeß, der erst im 18. Jahrhundert durch die Systematisierung des klassischen Tanzes und die Gestaltung des heutigen Bharata Natyam seinen eigentlichen Abschluß fand. Damit verschwanden die meisten der noch verbliebenen althergebrachten tamilischen Bezeichnungen im Tanz und wurden durch Sanskrit-Begriffe ersetzt. So wurde beispielsweise aus *Kuttu* (Tanz) *Natyam*.

Der eigentliche Einfluß der nordindisch-arischen Gelehrten- und Ritual-sprache Sanskrit begann jedoch schon viel früher. Fast unmittelbar nach dem Natyashastra im Norden entstand in Südindien das *Abhinaya Darpana* von Nandikeshvara. Obwohl schwer zu datieren, wird seine Entstehung um ca. 500 nach Christus angesiedelt. Um dem Trend der Zeit gerecht zu werden und um einer »Sanskritisierung« Südindiens zuvorzukommen, schuf Nandi-keshvara mit seinem Abhinaya Darpana ein Sanskritwerk, in dem in speziel-ler Weise der südindisch-drawidische Tanz behandelt wird. Es besitzt des-halb besonders für den Bharata Natyam eine ungemein große Bedeutung.

Das Abhinaya Darpana, wörtlich: *Spiegel des Abhinaya* (mimischer Aus-druckstanz) behandelt in großer Detailfülle den Ausdruckstanz. Trotz der Vollständigkeit seiner Ausführungen ist es weit weniger komplex als das Natyashastra.

Während das Natyashastra eine für alle darstellenden Künste grundlegen-de Gültigkeit besitzt, beschränkte sich Nandikeshvara ausschließlich auf das für den Tanz unmittelbar Notwendige. Das Abhinaya Darpana ist deswegen ein außerordentlich praktisches Tanzlehrbuch für Ausdruckstanz. Obwohl es geringfügige Unterschiede zum Natyashastra aufweist, stellt es heute ne-ben diesem die größte Autorität der klassischen Tanzliteratur Indiens dar und ist als solche unangefochten.

Von Mahendravarman, dem im 7. Jahrhundert regierenden Pallava-Herr-scher, wird berichtet, daß er — selbst ein Poet, Musiker und Dramaturg — die Kunst in großem Maße förderte. Ursprünglich Jainist, trat er später unter dem Einfluß eines tamilischen Weisen zum Shivaismus über. Unter der Ägide seines Sohnes Rajasimha bildete sich in Südindien eine eigenständige, als drawidisch bezeichnete Stilrichtung der Architektur und der bildenden Kün-ste heraus. So entstanden um 700 nach Christus die ersten aus Stein gehaue-nen Tempel in Mahabalipuram und der berühmte Kailashanatha-Tempel in Kanchipuram, der vollständig aus dem gewachsenen Fels herausgemeißelt wurde. Damit entstanden auch die ersten detaillierten figürlichen Abbildun-gen des Tanzes in Reliefs und Skulpturen.

Diese skulpturellen Darstellungen zeugen davon, daß der Tanz bereits in jener Zeit eine starke sakrale Bedeutung und Prägung hatte.

Erste figürliche Darstellungen des tanzenden Shiva stammen aus Badami und sind in der Zeit entstanden als die Guptas in Nordindien herrschten. Aus

Amaravati sind uns zwischen dem 5. und 7. Jahrhundert entstandene Tanz-reliefs erhalten, die in Übereinstimmung mit dem Natyashastra buddhisti-sche Szenen aus dem Alltagsleben darstellen. Andere Darstellungen aus der spätbuddhistischen Zeit zeigen bereits die ausschließlich für Bharata Natyam-Aufführungen typische orchestrale Anordnung und musikalische Besetzung.

10. Hinduismus und Bhakti-Bewegung

In der folgenden Zeit zwischen etwa dem 7. Jahrhundert und 1000 nach Christus fand die eigentliche Verschmelzung des von Norden kommenden Hinduismus mit dem Shivaismus und Vishnuismus des drawidischen Südens statt. Während der folgenden Wirrnisse im Norden Indiens wurde der tamili-sche Süden immer mehr zu einem Bollwerk und zum eigentlichen Hüter der brahmanisch-hinduistischen Kultur. Der Buddhismus und Jainismus wurden als Ketzerreligionen bezeichnet und langsam verdrängt, bis sie schließlich völlig von der Bildfläche der südindischen Kultur verschwanden. Gleichzeitig verstärkte sich um das 7. Jahrhundert eine Bewegung, die lehrte, daß allein durch die Hingabe an Gott eine Befreiung und Erlösung von den menschli-chen Leiden und die Vereinigung mit Gott erreicht werden könne.

Diese Bewegung der Hingabe, *Bhakti-Bewegung* genannt, richtete sich an alle Menschen, ungeachtet ihrer Kasten oder Stände, und entzog damit dem Buddhismus seine eigentliche Grundlage. Gestützt auf südindische kulturelle Traditionen und Glaubensauffassungen war die Bhakti-Bewegung wahr-scheinlich die wesentliche Ursache für die allgemeine Abkehr vom Buddhis-mus.

Die Bhakti-Bewegung erreichte ihren Höhepunkt im 10. und 11. Jahrhun-dert. Sowohl der klassische Tanz als auch die Musik, Literatur, Architektur und die bildenden Künste wurden durch sie maßgeblich geprägt. Sie führte zu einer Epoche der höchsten Verfeinerung der Kunst und des nimmermü-den künstlerischen Schaffens. In der folgenden Epoche, das heißt zwischen dem 9. und 14. Jahrhundert, die als klassische südindische Kulturepoche gilt, entstanden die prächtigen und zum Teil monumentalen Tempelbauten der Chola- und Hoysala-Dynastien in Tanjore, Chidambaram, Kumbakonam, Belur, Halebid und so weiter. Sie gehören heute noch zu den schönsten bildkünstlerischen Zeugnissen aus der Hochblüte Südindiens. Die Wände der Tempel wurden über und über mit Skulpturen und Tänzerinnen, tanzenden Göttern, spielenden Musikanten und mit Darstellungen aus den Epen geschmückt. Diesen Tempeln folgten in den weiteren Jahrhunderten ganze Tempelstädte von riesigen Ausmaßen, die heute noch zum Teil Flächen von fast einem Quadratkilometer einnehmen.

Interessant ist an diesen Tempeln die typische Gliederung, die wir im wesentlichen von den Ausgrabungen der Induskultur-Städte Mohenjodaro und Harappa kennen. Bereits dort findet man zentral angelegte Teiche für religiöse Waschungen, wie sie zu dieser Zeit des südindischen Tempelbaus üblich wurden.

Auch der südindische Tanz erreichte in dieser Zeit seine klassische Hochblüte. Die Bedeutung des sakralen Tanzes im Tempel nahm immer mehr zu. Es wird berichtet, daß einzelne Tempel zum Teil mehrere Hundert festangestellter Tempeltänzerinnen hatten.

In dieser Zeit entstand ein weiteres bedeutendes Werk der südindischen Kunst-Literatur, das *Sangita Ratnakara* von Sarangadeva (1210–1247). Ursprünglich aus Kaschmir stammend, ließ er sich zusammen mit seinem Vater in Südindien nieder. Seine Werke geben einen tiefen Einblick in die Tanz- und Musikkunst jener Zeit.

Jeder Tempel besaß seine eigene Tradition, die sich gemäß der ihm geweihten Gottheit und den mit ihr in Verbindung gebrachten vedischen und puranischen Erzählungen mit der Zeit herausgebildet hatte. Dadurch wurde dem einen oder anderen Aspekt des Tanzes naturgemäß mehr oder weniger Gewicht verliehen. Wo in Shiva-Tempeln der reine, ästhetische Tanz dominierte, stand in Vishnu und Krishna geweihten Tempeln der Ausdruckstanz im Vordergrund. Wo mehrheitlich weibliche Charaktere dargestellt wurden, entstanden beispielsweise Tanztraditionen, die sich durch besondere Sanftheit in den Bewegungen auszeichneten und eine ausgesprochene weibliche Anmut ausstrahlten. Die technische Brillanz und die Ausdruckskraft der shivaitischen Tanztradition war jedoch unübertroffen, und ihre Darstellungen waren besonders eindrucksvoll. So prägten sich verschiedene Tanztraditionen aus, obwohl sie in derselben Stilrichtung wurzelten und sich völlig an die Lehren des Natyashastra und Abhinaya Darpana hielten.

Als deshalb Ende des 18. Jahrhunderts die vier Brüder Chinnaiya, Ponnaiya, Vadivelu und Shivanandam darangingen, den klassischen Tanz zu systematisieren, um ihn vor Degeneration zu schützen, standen sie vor der großen Aufgabe, das Beste und Ursprünglichste aus allen diesen damals vorhandenen Tanztraditionen zu nehmen und zu einer homogenen Einheit zusammenzufügen. Sie selbst entstammten einer berühmten drawidischen Tradi-

Brihadeshwara-Tempel, Tanjore

Devi-Tempel des Brihadeshwara-Tempels mit den beiden Tortürmen (Gopurams) im Hintergrund.

Shiva Nataraja (Brihadeshwara-Tempel, Tanjore)

tion von Tanzlehrern (*Nattuvanars*) und waren deshalb mit der Tanzliteratur bestens vertraut. Sie gelten heute als die Urväter des Bharata Natyam, gaben sie ihm doch damals seine heutige Struktur. Sie teilten die verschiedenen Tänze in sechs grundlegende Themenbereiche ein und schufen ein einheitliches Lehrsystem mit Grundschritten, Übungsfolgen und so weiter. Damit sich die Tänzerin voll auf den Tanz konzentrieren konnte, übernahm erstmals ein Musiker, zumeist der Leiter des begleitenden Orchesters (Nattuvanar), die Aufgabe des Gesangs. Zudem wurden allzu schwierige akrobatische Haltungen (zum Beispiel Spagat) aus dem Tanz entfernt.

In dieser Zeit wurde der klassische Tanz jedoch noch nicht einheitlich benannt. Entsprechend seiner regionalen Herkunft, seines Muttertempels oder ursprünglichen Lehrmeisters wurde er völlig unterschiedlich bezeichnet. So waren neben dem gebräuchlichen Namen für Solotanz *Sadir Natya*

Ardhanarishwara: Shiva, halb Mann, halb Frau. (Brihadeshwara-Tempel, Tanjore)

auch die Bezeichnungen *Chinna Melam, Kuttu, Dasi Attam* und *Sadir Nautch* bekannt, obwohl er in intellektuellen Kreisen allgemein *Bharatam* genannt wurde. Erst seit seiner Wiederbelebung in den dreißiger Jahren dieses Jahrhunderts wird er einheitlich *Bharata Natyam* genannt.

Doch nicht nur die heutige Form des klassischen Tanzes entstammt der südindischen Kulturepoche, auch die heutige klassische Musik Südindiens wurde in dieser Zeit geprägt. Purandara Dasa (1487–1564) systematisierte zum ersten Mal die Lehrmethode der südindischen Musik. Muthuswami Dikshitar (1776–1835) und der große Poet, Komponist und Sänger Tyagaraja (1800–1850) gaben der klassischen südindischen Musik ihre heutige Form, indem sie die bestehenden Ragas auflisteten, neue hinzufügten und im wesentlichen das Tala-System schufen beziehungsweise niederlegten.

Doch bereits zu dieser Zeit setzte der Verfall der südindischen Kultur ein.

Die Kolonialmächte waren dabei, Stück für Stück indischen Territoriums aufzuteilen und an sich zu reißen. Damit setzte ein in der menschlichen Geschichte beispielloser Raubzug nach wertvollsten Kulturgütern ein. Die bereits unter mangelnder Moral leidende Institution der Devadasis wurde zudem von den Fremdherrschern in ihrer Bedeutung verkannt und verachtet. Die breite Unterstützung aus dem Volk und die Wertschätzung der herrschenden Schichten und damit ihr Wohlwollen wurde ihnen nach und nach entzogen. Dies bewirkte ein völliges Verkommen der Devadasis in moralischer und materieller Beziehung. Ihr sozialer Abstieg war nicht mehr aufzuhalten.

Um 1612 entstand die erste englische Niederlassung in Surat. Um 1858 wurde der letzte Mogulkaiser von den Engländern, die in Indien inzwischen eine Vormachtstellung erreichen konnten, verbannt. Erst spät, als es schon fast *zu spät* war, erkannten die Engländer den Wert der indischen Kultur und begannen, sie zu fördern oder zumindest zu dulden.

Als in den dreißiger Jahren unseres Jahrhunderts der heruntergekommene Tempeltanz endgültig verboten wurde, um die Würde dieses Tanzes und der Tänzerinnen zu retten, gingen bedeutende Tanz-Lehrmeister (Nattuvanaras) daran, ihn wiederzubeleben und zu erneuern. Der bedeutendste unter ihnen war Meenakshi Sundaram Pillay, dessen hervorragendem pädagogischen und künstlerischen Wirken wir es besonders zu verdanken haben, daß der Bharata Natyam im folgenden eine wahre Renaissance erleben konnte.

Nittra-Pose aus dem Ettadavu

Kapitel III

Die Tanzthemen und ihre Entstehung

1. Die Kunstphilosophie Indiens

Die außerordentlich üppige und vielfältige Natur Indiens regt die Sinne des Menschen an und weckt in ihm eine tiefe urwüchsige Beziehung zu ihr. Schon in alter Zeit beeindruckten die der Natur innewohnenden Kräfte den Inder so, daß er sie tief verehrte. Sie inspirierten sein Denken und Handeln. Das Ergebnis zeigte sich in der spezifischen Art des kreativen Schaffens – in der Kunst. Kunst ist der Ausdruck innerer Schöpfungskraft.

Der Mensch erkannte sich als Teil der Natur. Deshalb versuchte er auch nicht, Herr über sie zu werden und sie zu unterjochen, denn indem er sich als Teil der Natur erkannte, wurde die Natur auch ein Teil von ihm selbst.

Der Inder in jener Zeit betrachtete die klassischen fünf Elemente (*Pancha Bhuta*) Erde, Wasser, Feuer, Luft und Raum (Äther) als die Träger der Naturkräfte, in denen die Allmacht Gottes zum Ausdruck kommt wie in einem Spiegel. So wurden Sonne und Mond, Erde, Wind, Feuer und Wasser zu idealisierten Symbolen Gottes. Selbst die Lotusblume wurde als Sinnbild für geistige Erlösung angesehen. Auf dem Wasser ruhend, verkörpert sie das Leben, das auf der Grundlage des Ewigen, Reinen entsteht und wieder dorthin zurückkehrt.

Die Kunst in Indien besitzt die Fähigkeit, Gott in und durch seine vielen idealisierten Symbole zu verstehen und seine Übernatürlichkeit in der künstlerischen Schönheit solcher Symbole auszudrücken. Wenn wir einen Blick in die Vergangenheit Indiens werfen, so sehen wir, daß der Tanz immer ein solches Symbol der Unvergänglichkeit Gottes war. Die natürlichen Emotionen des Menschen sind so alt wie die Menschheit selbst. Jeder Ausdruck der Natur wurde durch diese menschlichen Emotionen in Form des Tanzes dargestellt beziehungsweise durch ihn imitiert.

Auch im Westen sind tanzende Götter nicht unbekannt. Bereits die mythologischen Geschichten der Ägypter und Griechen berichten davon. In allen hohen Kulturen des Westens ist jedoch der sakrale Tanz mit der Zeit

verlorengegangen. Allein in Indien hat er sich von der drawidischen Induskultur bis heute erhalten.

Wenn man den Verlauf der Geschichte betrachtet, wird klar, daß es zu
allen Zeiten ein Ideal der Menschen war, in jedem Bereich ihrer Aktivitäten
eine Beziehung zwischen Gott und dem Menschen zu erkennen und auszudrücken. Besonders deutlich wird dieses menschliche Streben in der Kunst.

Die Upanischaden sagen: »*Devo bhutva devam yaj*«, das heißt »Werde
Gott, um Gott zu verehren«. Indien hat dieses ewige Prinzip immer in seinem
Denken verkörpert. Um dieses Ideal verwirklichen zu können, hat der Inder
über Jahrtausende Techniken und Methoden entwickelt und erprobt, die es
ihm erlauben, sein individuelles Bewußtsein mit dem universellen göttlichen
Bewußtsein in Einklang zu bringen.

Der Tanz widerspiegelt in hohem Maße dieses Denken und Handeln. Die
Zeitlosigkeit des durch ihn ausgedrückten Wissens erweckt im Menschen
eine leidenschaftliche Suche und ein Bestreben, sich in seinem Bewußtsein
mit Gott zu identifizieren und zu vereinen.

Es gibt viele Formen, die Verbundenheit des Menschen mit der Idee Gottes
und seiner Verwirklichung aufzuzeigen, doch soweit wir zurücksehen können, war und ist Kunst die begehrteste von allen.

2. Die Bedeutung der Kultbilder

Im Vishnudarmottara-Purana heißt es, daß die Natur zwei Aspekte, das heißt
Wesensarten hat. Zum einen ist da ihre unscheinbare innere, die unmani-
feste, absolute Wesensart (*Prakriti*), zum anderen ihre scheinbare, äußere
Erscheinungswelt (*Vrikriti*), die nichts anderes ist als eine Art Umformung
oder Manifestation von Prakriti. Die Tempel stellen diese zwei Aspekte in
ihrer Form und Funktion dar. Gott wird darin in seiner scheinbaren Form,
in der des Idols, verehrt. Der Tempel wird zur Wohnstatt der Götter und
zum Ort der Begegnung mit Gott.

Aus dem Bedürfnis heraus, die unscheinbaren göttlichen Wesen in einer
scheinbaren, das heißt sichtbaren Form zu verehren, um damit dem Menschen die abstrakte theologische Lehre der drawidischen Kosmologie näher-
bringen zu können, wurden bereits im antiken Indien kosmische Symbole
kreiert und Tempel gebaut.

Obwohl die Tradition des Tempelbauens keine vedisch-brahmanische
Überlieferung war, wurde diese zur Zeit der Entstehung der puranischen

Schriften allgemein akzeptiert und der Tempelbau selbst von den Brahmanen unterstützt und gefördert.

Die puranischen Erzählungen, die wichtigsten Quellen der Hindumythologie, lieferten den Bildhauern, die die Tempelwände ausschmückten, ihre Hauptthemen. So wurden die göttlichen Offenbarungen, die durch die Synthese der vedisch-brahmanischen mit der drawidischen Kultur ikonographische Gestalt angenommen hatten, in Stein verewigt. Um göttliche Aspekte in ihrer äußeren Form ausdrücken zu können, ist ein grundlegendes Verständnis durch ein eingehendes Studium der Schriften nötig. Die klassischen indischen Künste sind aber derart ineinander verwoben, daß eine die andere ergänzt und deshalb das isolierte Studium einer einzelnen dieser Künste oftmals kaum möglich ist. Um beispielsweise das Wissen über die Kunst der Architektur (*Shilpa Shastra*) zu erlangen, war nicht nur das partielle Studium dieses Wissenszweigs nötig, sondern das interdisziplinäre Erfassen aller darstellenden Künste.

Eine Episode aus dem Vishnudarmottara-Purana macht diese Wechselbeziehungen der indischen Künste sehr deutlich. König Vajra bat den Weisen Markandeya um die Gunst, in die Kunst der Bildhauerei eingeführt zu werden. Der Weise erklärte dem König, daß, um die Kunst der Ikonographie zu beherrschen, nicht nur zuerst die Malerei, sondern vorher noch Tanz und Musik beherrscht werden müßten, denn, so führte er aus, wie sollte jemand fähig sein, ein ästhetisches und aussagekräftiges Werk zu schaffen, ohne die Grundlage der Körpersprache, der Gestik und Mimik studiert zu haben? Hierfür jedoch sei ein Tanz- und Musikstudium unumgänglich. So also erlernte König Vajra zuerst die grundlegenden Künste Tanz und Musik, bevor er in den weiteren Künsten Malerei und Bildhauerei unterrichtet wurde.

Indem Musik und Tanz immer als erste der indischen Künste genannt werden, kommt ihre Bedeutung als die grundlegenden klassischen Künste zum Ausdruck. Auf ihnen fußen alle anderen

Auf diese Art zeigen alle Künste eine tiefe Wechselbeziehung zueinander. Sie sind gleichsam verschiedene Glieder desselben Körpers. Ihr ästhetischer Zweck ist auch derselbe. Die ewigen Wahrheiten, die in der Philosophie der Upanischaden und der epischen Literatur zum Ausdruck kommen, wurden visualisiert und in Stein abgebildet. Die in Stein und in der Malerei abgebildeten Figuren sind die Götter und Helden aus der Literatur, wie sie auch im Tanz dargestellt werden. Sie sind Verkörperungen einer abstrakten Idee, das heißt der innersten ideellen Vorstellungen des Menschen.

Als ein erstes und grundlegendes Mittel einer solchen Interpretation der

Schriften gilt der Tanz. Aus seiner Darstellung entstand die Bildhauerei und Malerei. Bereits die ältesten Götterbilder sind deshalb in Tanzposen dargestellt. Sowohl in der Skulptur als auch im Tanz war der menschliche Körper Instrument und Mittel des Ausdrucks. Wie der Tänzer besaß auch der Bildhauer die Fähigkeit, die übernatürlichen Kräfte, die man den Göttern zusprach, durch physische Ausdrucksformen darzustellen. Die mehrköpfige Darstellung einer Gottheit ist Zeichen ihrer geistigen Größe (Allwissenheit) und ihre zahlreichen Arme das ihrer Allmacht. Der Künstler entnahm den Schriften ihren idealistischen Gehalt, und indem er diesen durch Introspektion (Meditation) zur eigenen Erfahrung werden ließ, wurde er befähigt, ein Idol zu schaffen, das in seiner Form die transzendenten Eigenschaften dieser Idee widerspiegelte. Die äußere Form der Darstellung widerspiegelt also den inneren reinen Seinszustand des Künstlers. Dadurch wird der Kunstbetrachter selbst auf eine höhere Ebene des Seins erhoben. Dies ist der eigentliche Zweck von Kunst. Sie soll durch ihre ästhetischen Ausdrucksmittel dem Menschen den Wert feineren Empfindens, Fühlens und Denkens nahebringen.

Aus diesem Grund wurden die tanzenden Götter, *Nrittamurtis* genannt, zu einem wesentlichen Gestaltungselement der südindischen drawidischen Tempel.

Die Gründe für den Bau von Tempeln an sich können auf zwei hauptsächliche Faktoren zurückgeführt werden. Zum einen entstand besonders in Zeiten äußerer Wirrnis das Bedürfnis, eine geordnete (erhabene) spirituelle Atmosphäre innerhalb eines Raumes zu konzentrieren. So entstanden langsam religiöse Zentren in Form von Gebets- und Andachtsstätten. Diese wurden in den Anfängen oft höhlenartig angelegt, wobei der Berg — als ein Sinnbild der Mutter — in sich den Tempel, das Sinnbild des Mutterleibes (Garbhagriha), barg. Die späteren pyramidenförmigen Aufbauten der Tempel erinnern noch an den Berg über diesen Höhlentempeln.

Zum anderen war es nur recht und ziemlich, die Götteridole, die als Symbole und Ausdruck edelsten menschlichen Denkens galten in einem würdigen Raum zu beheimaten, um ihnen dort die gewünschte Ehrerbietung entgegenbringen zu können.

Dies waren die hauptsächlichen Faktoren, die anfangs zur Errichtung von Tempeln führten.

Die Tempel waren nicht nur Orte der Begegnung zwischen Gott und den Menschen, sondern auch Zentren für alle religiösen und sozialen Aktivitäten. Jeder, vom einfachen Handwerker bis zum König, widmete dort Gott seine Dienste und versuchte, sich durch seine Arbeit und die Erfüllung seiner Pflicht (*Dharma*) mit Gott zu vereinen und Erlösung seiner Seele zu finden.

So wurde im Verlaufe der Zeit die emotionale Hinwendung zu Gott, das heißt das Gefühl der Gottesliebe, geweckt und gefördert. Daraus entstand die Bhakti-Bewegung, die Bewegung der Hingabe oder Gottesliebe. Im Zeichen dieser Bewegung, die sich von Nordosten kommend langsam über ganz Indien ausbreitete, entwickelte sich der Tempelbau Indiens zu seinem Höhepunkt. Alle Künste standen vollständig im Dienste Gottes. Gott wurde durch Musik, Gesang und Tanz verehrt. So nahm die Kunst in ihrer feinsten Form Einzug in die Architektur und das Leben des Tempels. Diese Entwicklung war ausschlaggebend für die Entstehung der fein strukturierten und reich verzierten Tempelbauten Südindiens.

Wir haben bereits erwähnt, daß in Indien seit urdenklichen Zeiten Praktiken üblich waren und ständig weiter entwickelt wurden, um hohe ethisch-moralische und religiöse Ideale zu verwirklichen. Zu diesen gehörten Opfer, Meditation, Entsagung und Askese sowie diverse Yoga-Praktiken. Bhakti schließlich bildete eine weitere Methode zur Selbstverwirklichung oder Gottrealisation, nämlich die der Hingabe. Die Bhakti-Bewegung hatte ihre Grundlage in den puranischen Überlieferungen des Mahabharata, wodurch die Krishna-Verehrung eine zentrale Bedeutung erhielt.

Die uralten Ideale der Inder, sich in seinem Bewußtsein mit Gott zu identifizieren und mit dem Göttlichen, dem Weltall und der inneren kosmischen Unendlichkeit verbunden zu sein, wurden durch die Bhakti-Bewegung unterstützt und fanden in ihr Erfüllung.

Viele bedeutende Prosaschriftsteller und Musiker sind aus dieser Bewegung hervorgegangen. In ihren Werken kommt die unbegrenzte, hingebungsvolle Gottesliebe zum Ausdruck. Sie geben Zeugnis des innersten menschlichen Strebens nach Erlösung. Ihre Gesänge der Huldigung werden *Kirtanas* genannt. In ganz Indien entstanden zahlreiche religiöse Musikkompositionen und poetische Dichtungen. Die großen Musiker und Schriftsteller wurden *Bhagavatars* (Verkörperungen Gottes) genannt und als Heilige verehrt. Die bedeutendsten dieser Persönlichkeiten sind: Purandaradasa, Chaitanya, Kanakadasa, Kaleirdas, Kshetragna, Narayana, Tirtha, Takaraun, Tulsidas, Mirabai und viele andere mehr.

Zu Ehren Gottes wurden wunderschöne und in ihren Ausmaßen beeindruckende Tempel gebaut. Diese wurden allmählich die eigentlichen Zentren der Kunst und Bildung und übernahmen die Funktion allgemeiner und höherer Schulen.

3. Die Struktur und Bedeutung der drawidischen Tempel Südindiens

Die durch die Bhakti-Bewegung zunehmend erstarkende Hindureligion bewirkte allmählich auch eine Umwandlung im Tempelbau. Wo vorher die Grundflächen der Tempel eher klein waren, jedoch eine starke Betonung auf die zum Teil monumentalen Tempeltürme (*Vimanas*) gelegt wurde, schrumpften letztere mit der Zeit beträchtlich. Die räumlichen Ausmaße der Tempel aber wurden immer größer. Um die großflächigen Tempelanlagen, die mitunter zu ganzen Tempelstädten anwuchsen, nach außen sichtbar abzugrenzen, wurden die Torbauten (*Gopuras*) immer größer und erreichten schließlich gewaltige Dimensionen. So entstand ein völlig neuer Tempeltypus (siehe Abbildung auf Seite 33). Die flächenmäßige Entwicklung des Tempelbaus ist ein Gradmesser für den bedeutenden Raum, den die religiösen Aktivitäten im Leben der Menschen jener Zeit einnahmen. Der Tempel hatte neben zahlreichen Vorhallen Höfe und Rundgänge und bot Raum für die Hauptgottheit im zentralen Schrein und ihre (verwandten) Nebengötter, zum Beispiel der Gatten, in seitlich angrenzenden Hallen.

Die weitaus komplexeste Struktur ist im Nataraja-Tempel von Chidambaram zu finden. Von ihm heißt es, daß er das kosmische (geistige) Zentrum der Schöpfung darstelle. Er besitzt eine fünffache Gliederung der Hallen (*Sabhas*). Das Zentrum bildet die *Chit-Sabha*, der Wohnsitz des kosmischen Geistes Shivas. Angegliedert sind die *Kanaka-Sabha* (goldene Halle), in der Shiva in der Form des Lingam und als kosmischer Tänzer und Herr des Tanzes (*Nataraja*) verehrt wird, sowie die *Nritta-Sabha* oder *Natya-Mandapam*, in der die sakralen Tänze der Devadasis aufgeführt wurden. Weitere Sabhas sind *Deva*- und *Raja-Sabha*.

Bhakti wurde zur alles bewegenden Bewegung. Sie beeinflußte jeden Bereich des Lebens und alle sozialen Schichten vom König bis zum Shudra (Angehöriger der untersten Kaste). Für den aus der indischen Kultur-Synthese entstandenen Hinduismus war die Bhakti-Bewegung eine willkommene und günstige Gelegenheit, sich in ganz Indien zu verbreiten.

Es ist verständlich, daß diese Bewegung besonders für die unterste Kaste der Hindu-Gesellschaft, die inzwischen zahlenmäßig sehr bedeutend geworden war, wie ein Segen galt. Die Shudras fanden in ihr eine Zuflucht, um sich von den Leiden des Lebens zu befreien, indem sie, frei von Ritualen, sich ihrem erwählten Gott zuwenden und Hoffnung auf ein besseres nächstes Leben schöpfen konnten.

76

Die Könige der Pallava-, Chola- und Hoysala-Dynastien demonstrierten ihre Gottesliebe, indem sie den Tempelbau, die Architektur, Tanz und Musik und alle anderen Künste förderten. So entstanden die ersten großen architektonischen Zeugnisse dieser Ära. Der Chola-König Rajendra errichtete den berühmten Brihadeshwara-Tempel in Tanjore, an dem die *Karanas* aus dem Natyashastra in Reliefs abgebildet sind. Die Karanas sind die grundlegenden Bewegungseinheiten, auf denen besonders der Bharata Natyam aufbaut. Einige Zeit später entstand der berühmte Shiva Nataraja-Tempel in Chidambaram, an dem ebenfalls alle 108 Karanas abgebildet sind. Die Architektur dieses Tempels gilt als erstklassiges Beispiel drawidischer Baukunst.

Nicht minder wichtig zu erwähnen sind die im 14. Jahrhundert entstandenen Tempelbauten der Hoysala-Dynastie in Belur und Halebid. Der Tempel von Belur zeigt wunderschöne Tanzskulpturen der Königin Shantala, die selbst eine hervorragende Tänzerin war. Die Skulpturen des Hoysalehwara-Tempels von Halebid, die *Nrittamurtis*, also tanzende Götter, zeigen höchste Vollendung in der Formgebung. Mit Ausnahme weniger Tempel, die dem Vishnu geweiht sind, wurden die meisten für den Tanz bedeutenden Tempel in Südindien Shiva gewidmet. Dies macht die im Laufe der Zeit erfolgte starke Trennung des Hinduismus in Vishnuismus und Shivaismus deutlich, die in der gesamten folgenden Zeit einen starken richtungsprägenden Einfluß auf Dichtung, Musik, Tanz und Architektur ausübte. Der klassische Tanz, der schon immer einen sakral bedeutsamen Kunstzweig bildete und mindestens seit dem Natyashastra nachweislich auch im Tempel aufgeführt wurde, konzentrierte sich während der südindischen Hochblüte immer mehr auf den Tempel.

Die Tempeltänzerinnen und die dazugehörenden Musiker erhielten ihre Ausbildung im Tempelbezirk. So begann die eigentliche Ära der Tempeltänzerinnen (Devadasis). Die gleichzeitig in ihrer Hochblüte stehende Bhakti-Bewegung beeinflußte die Thematik des Tempeltanzes in hohem Maße. Die Gottesliebe Bhakti, die Sehnsucht nach dem geliebten Gott, die Lobpreisung seiner Größe, Schönheit und Macht, wurden zum zentralen Tanzthema.

Der Tempeltanz hatte verschiedene Zweckbereiche. Die Devadasis wurden als Gottesdienerinnen ausgebildet und tanzten im Heiligtum der Tempel, die *Rajadasis* jedoch nahmen ihren Platz außerhalb des Tempels vor der heiligen Flagge ein. Später wurden sie, wie der Name Rajadasi aussagt, Königstänzerinnen, das heißt sie tanzten an den Höfen von Fürsten und Königen (*Rajas*). Die *Alamkaradasis* wiederum tanzten zu gesellschaftlichen Anlässen. *Swadis* jedoch tanzten ausschließlich für Rituale und religiöse Zwecke.

Außer diesen hauptsächlichen gab es noch weitere Dasis-Klassifikationen von Gottesdienerinnen. Sie verrichteten weitere Dienste für die Gottheiten im Tempel, wie das Wedeln frischer Luft (*Chambra*), das Bedienen der heiligen Öllampen (*Kumbha Arati*) und so weiter. Ihr Leben war dem Dienste Gottes gewidmet. Die Tamil-Literatur[1] aus dem 11. Jahrhundert bestätigt, daß damals ca. 400 Devadasis im Brihadeshwara-Tempel in Tanjor beschäftigt waren und eine nicht minder große Zahl in den Tempeln von Kanchipuram und in anderen großen Tempeln Tamil Nadus.

In der heiligen Umgebung und Atmosphäre der Tempel entwickelte sich die Kunst des Tanzes über einige Jahrhunderte hinweg. Die Tanzlehrer, selbst Gelehrte, versiert in den Künsten der Instrumental-Musik, des Gesangs und verwurzelt in der traditionellen Literatur und Philosophie, wurden *Nattuvanar* (Verkörperung des Tanzes) genannt.

Nach vollendeter Ausbildung wurde die Tänzerin durch einen Initiationsritus, *Bottukattal* genannt, in ihre Aufgaben als Devadasi eingeführt. Von diesem Moment an gehörte sie mit Leib und Seele dem Gott.

Der Tanz gehörte zu den höchsten Gaben an die Gottheit. Jeder Ausdruck dieser Kunst wurde zur rituellen Handlung, in die das Gebet bereits eingeschlossen war. Sie wurde für die Tänzerin zu einer Offenbarung spirituellen Erfahrens und zum Erleben der göttlichen Glückseligkeit (*Brahmananda*). Symbolik und Technik des Tanzes wurden analysiert, diskutiert, definiert und kodifiziert. Nichts wurde dem Zufall überlassen, denn sein absolutes Ziel mußte es sein, die unveränderliche Wahrheit widerzuspiegeln.

In dieser Zeit der Fülle und des Glücks für die Künste, in der Umgebung der Tempel und im Kreis strahlender Gottesverehrer, fand die Tanzkunst ihren absoluten Höhepunkt.

Die regionale religiöse Literatur Südindiens wurde überaus reichhaltig. Die indoarische Sprache Sanskrit trat langsam in den Hintergrund. Große literarische Werke entstanden in den Sprachen Tamil, Telugu und Kannada. Der bedeutendste *Bhagavatar* (Musiker und Komponist) des tamilischen Südens war Tyagaraja. Er erlangte unter dem Volk große Beliebtheit.

Zur selben Zeit entstand das *Bhagavata Mela* genannte Tanztheater, das sich in seiner Technik am Tempeltanz orientierte. Man versuchte, den bereits

---

1 Im Gegensatz zur vedischen und puranischen Literatur, die ausschließlich in der indo-arischen Sprache *Sanskrit* geschrieben ist, entstand die Tamil-Literatur in der alt-drawidischen Sprache *Tamil*.

78

bestehenden Abwärtstrend des Tempeltanzes aufzuhalten, indem man den Solotanz der Devadasis in das volkstümliche Tanztheater integrierte.

Auch das Bhagavata Mela bezog seine Themen aus den religiösen und philosophischen Erzählungen der epischen Literatur wie der Bhagavad Gita. Die Krishna-Verehrung nimmt deshalb einen zentralen Platz in dieser Tanztradition ein. Mit ihr verbreitete sich die Philosophie, wonach sich Gott (Krishna) in allen Wesen und in allen Dingen der Schöpfung offenbart. Im Tanz transzendierten die Tänzer ihr Ego und empfanden die totale Vereinigung mit Gott im Erlebnis der höchsten inneren Glückseligkeit (Verzückung). Diese kurze Identifikation mit dem Absoluten führte durch oftmaliges Wiederholen zur Selbstverwirklichung, der Erkenntnis Gottes innerhalb des eigenen Selbst.

Nach der Hinduphilosophie ist Gott die Verkörperung des Absoluten, Unendlichen. Das menschliche Selbst ist ein Teil davon. Darum bedeutet die Verwirklichung des Selbst die Verwirklichung Gottes. Da Musik und Tanz als Weg zur Selbstverwirklichung betrachtet wurden, waren sie demnach auch ein Mittel, um Gott zu erkennen und sich innerlich mit ihm zu vereinen. Die Kunst in jener Zeit war beseelt von religiösen Gedanken. Alle Bereiche des Lebens strebten nach denselben Idealen und drückten diese in ihren Aktivitäten aus. So imitierten die irdischen Bewegungen der Tänzerin Gott und seine allmächtigen Handlungen. Der göttliche Aspekt des Tanzes liegt also in der Mannigfaltigkeit der Darstellungen Gottes.

4. Die hinduistischen Götter und ihre Bedeutung im Tanz

Die Kunst in Indien besitzt die Fähigkeit, Gott durch viele idealisierte Symbole zu begreifen und seine Allmacht und Größe durch äußere Formgebung auszudrücken. Die eigenen menschlichen Ideale bilden dabei die Grundlage für die Darstellung Gottes. Durch sanfte, zarte Formen wird die Unsterblichkeit und ewige Jugend Gottes ausgedrückt. Seine Erhabenheit und innere Losgelöstheit (Seelenfrieden) kommt durch ein friedvolles Lächeln zum Ausdruck. Die zahlreichen Arme und Köpfe sind Sinnbild von Allmacht und Schöpfungskraft, und ein drittes Auge stellt die Allwissenheit dar. Doch Gott umfaßt alle Existenzformen und damit neben seiner Schöpfungsmacht auch die Macht zur Zerstörung des Bösen. Deshalb gibt es auch schreckliche Darstellungen Gottes.

Die göttliche Vollkommenheit wird durch die physische Perfektion der

Darstellung ausgedrückt. Indem der Gottheit aber menschliche Züge und menschliches Aussehen verliehen werden, werden ihr auch menschliche Qualitäten zugesagt. Eine Ausnahme bildet da der Schöpfergott Brahma, der im Hinduismus als fast unerreichbares Ideal gilt und dessen Bedeutung besonders im göttlichen Bewußtsein (*Brahmananda*) zum Ausdruck kommt. Brahma ist insofern auch eine Ausnahme unter den Göttern, da es nur einen einzigen Tempel in ganz Indien gibt, der ihm geweiht ist. Das zeigt, daß er meist nicht in Form eines Idols verehrt wird, obwohl er gelegentlich bildlich dargestellt wird (als Weiser mit vier Gesichtern, die in jede Himmelsrichtung blicken), sondern hauptsächlich durch Meditation.

Ansonsten besitzt jede Hindu-Gottheit zwei Aspekte, einen göttlichen und einen menschlichen, oder anders ausgedrückt: einen absoluten und einen relativen. Der absolute Aspekt Gottes ist der ruhende, unbewegliche und unnahbare. Er ist das kosmische Gesetz selbst. Sein relativer Aspekt ist der Ausdruck dieses Gesetzes in sichtbarer Form. Relative Formen aber enthalten automatisch menschliche Qualitäten. Deshalb können indische Gottheiten manchmal eifersüchtig, nachtragend oder sehnsüchtig und verliebt, großzügig und mitleidig sein. Doch all diese Qualitäten sind sinnbildlich zu sehen und entstammen einem idealisierten Menschheitsbild. Nicht jede Gottheit verkörpert aber alle diese Aspekte, sondern ihrem Wesen gemäß nur ganz bestimmte.

Die Götter waren seit eh und je die größten Leitbilder des Menschen. So war es auch im Tanz. Vishnu und Shiva wurden als die größten Tänzer betrachtet. Bereits im Rig Veda wird Indra, der Herr des Himmels, auch als Herr des Tanzes bezeichnet.

Dem Inder genügte es nicht, Freude und Leid im Tanz auszudrücken, sondern er versuchte, die Göttlichkeit in seinen Tanzbewegungen nachzuvollziehen, um damit in Einklang mit dem kosmischen Rhythmus und der kosmischen Ordnung zu gelangen. Dadurch überschritt (transzendierte) er seine eingeschränkte menschliche Existenzebene und erhob sich auf die universelle Ebene der göttlichen Ordnung. Das gipfelte in der transzendentalen Erfahrung des Künstlers, im *Sat-Chit-Ananda*, (*Sat* = Existenz, *Chit* = Bewußtsein, *Ananda* = Seligkeit), im unbegrenzten Glückseligkeitsbewußtsein.

Obwohl der klassische indische Tanz heute nicht mehr im Tempel aufgeführt wird, ist das Grundkonzept immer noch dasselbe. Viele Tänzerinnen wissen deshalb auch heute von dieser Erfahrung der Transzendenz zu berichten.

Sat-Chit-Ananda wird als höchste Realität in den vedischen Schriften oft besungen, seine Erfahrung von Yogis, Asketen und allen Wahrheitssuchenden in Indien angestrebt. Die Erkenntnis der Einheit aller Dinge (*Brahmananda*), die durch die Erfahrung des Sat-Chit-Ananda im Bewußtsein des Menschen heranreift, wird so ausgedrückt:

»Ich bin DAS,
du bist DAS,
und all dies ist DAS«

Sat-Chit-Ananda ist die wahre Natur des innersten Seins jedes Menschen. Seine Erfahrung ist der erste Schritt zur Selbstverwirklichung. Zugleich erweckt es im Menschen ungeahnte und unerschöpfliche Energie und Kreativität. Sein Geist wird ruhig, zufrieden und erfüllt. Was also könnte schöner und erfüllender sein als diese Form des klassischen indischen Tanzes? Das eigentliche Charakteristikum des Bharata Natyam liegt in seiner Erhabenheit und in seiner Form, die alles Vergängliche zu transzendieren scheint.

Shiva

Im indischen Kunstschaffen kommt wie nirgends auf der Welt das nimmermüde Bestreben zum Ausdruck, die absolute, unaussprechbare Wahrheit oder, mit anderen Worten, die kosmische Gesetzmäßigkeit in Symbole zu kleiden. Das wohl größte und würdigste aller dieser von Menschen geschaffenen Symbole ist die Gestalt *Shiva Natarajas*, des tanzenden Gottes.
Wie wir bereits angedeutet haben, besitzt Gott gemäß der Hindu-Philosophie einen äußeren, sichtbaren und einen inneren, unsichtbaren oder transzendentalen Aspekt. Der äußere, sichtbare Aspekt wird durch seine Gestalt, die Form des Idols, geoffenbart, das seine innere, transzendentale Natur ausdrückt. Da jedoch die äußere Formgebung nie den vollen inneren Gehalt der Wahrheit auszudrücken vermag, wurde Shiva beispielsweise ursprünglich in einer sehr abstrakten Form verehrt, nämlich in der des Lingam (Phallussymbol). Die wahre transzendentale Natur Gottes kann also nur durch die Erkenntnis des universellen Seins, das die Grundlage jeder Existenz darstellt, gewonnen werden. Dafür wurde die Meditation (Verinnerlichung, inneres Erkennen) als grundlegend nötig angesehen. Die innere Erkenntnis Gottes ist jedoch formlos, von absoluter Natur und deshalb attributlos. Erst durch *Maya*, die Unwirklichkeit des äußeren Lebens, entsteht der persönliche Aspekt Gottes »*Ishvara*« (Shiva).

Die Entwicklung des Sonnenzeichens Swastika

Die shivaitische Kosmologie von der einfachen Urform des kosmischen Eis als Symbol des Universums zum Shivalingam und dem eiförmigen Flammenkranz des Shiva Nataraja. Der runde Flammenkranz des Shiva Nataraja, wie er in Südindien seit dem 12. Jahrhundert vorkommt, ist gleichzeitig Sonnensymbol und Zeichen der weiblichen (gebärenden) kosmischen Energie Shakti.

Trotz der Problematik, daß eine bildhafte Darstellung nie den vollkommenen Gehalt der inneren Erfahrung wiedergeben kann, haben die Inder in der Gestalt Shiva Natarajas ein Symbol geschaffen, das wohl einzigartig ist in seiner Aussagefülle und der Komplexität seiner Darstellung.

Das Konzept der tanzenden Götter (*Nrittamurtis*) fand besonders in der Shiva-Verehrung der drawidischen Kultur seine bedeutende Prägung und ist dort im kosmischen Tanz Shiva Nateshwaras voll ausgereift. Der kosmische Tanz Shiva Natarajas ist Symbol für das Werden und Vergehen der Welt. Dieser nie endende Zyklus wird durch das Flammenrad ausgedrückt. Die Darstellung dieses Rades geht zurück auf das uralte, wahrscheinlich ursprünglich drawidische Symbol des Sonnenzeichens (*Svastika*), das durch den Mißbrauch im Dritten Reich leider eine eher unrühmliche Bekanntheit im Westen erlangt hat und das ebenfalls ein Symbol für den nie endenden, immer neuen kosmischen Kreislauf ist.

Der Tanz Shivas ist ein Gleichnis für die rhythmische immerwährende Schöpfung.

82

Shiva Nataraja
Bronzeplastik, 12. Jahrhundert – Rietberg-Museum, Zürich

In der Darstellung Shiva Natarajas sind die fünf Aktivitäten ausgedrückt.

1. Schöpfung (*Sristi*)
2. Erhaltung (*Sthiti*)
3. Auflösung und Zerstörung des Bösen (*Samhara*)
4. Meditative (innere) Erkenntnis (*Yogeshwara*)
5. Erlösung und Schutz (Gnade) (*Anugraha*)

Ewiges Leben, Tod und Wiedergeburt kommen im Flammenrad zum Ausdruck. Diese fünf Aktivitäten Shivas haben das indische Denken und Leben um eine bildliche Vision (Verstellung) bereichert, die Einzug in das Herz eines jeden Hindus gefunden hat. Shiva wird in verschiedenen Manifestationen verehrt. Als *Pashupati* ist er Herr und Beschützer der Tiere, als Yogi das Ideal der Asketen und Wahrheitssuchenden. Shiva als *Vinadhara* ist der ewige Musiker; und weil er nach der mythologischen Überlieferung das Gift getrunken hat, das die Menschheit und die Götter vernichten sollte, ist er der Retter der Menschheit, *Nilakanta*. Als *Nateshwara* ist Shiva der Gott und Herr des Tanzes.

Parvati

Die »Charaktereigenschaften Shivas« werden aus den reichhaltigen mythologischen Erzählungen über ihn abgeleitet und in tänzerischer Form dargestellt.

So erzählt die Legende, daß Shiva ob des Verlustes seiner Gattin Sati wütend in einen wilden Tanz ausbrach und sich danach in tiefer Trauer als asketischer Yogi in den Himalaya[2] zurückzog und in tiefe meditative Versenkung fiel. Erst nachdem Sati in der Form von Uma oder Parvati als Tochter des Himalaya-Königs Himavana wiedergeboren wird und nach langem Warten und asketischem Leben seine Frau wird, gibt Shiva seinerseits sein Asketenleben auf.

Doch bevor dies geschah, versuchte der Liebesgott Kama den *Yogeshwara*, also den im Zustand des Yoga (Meditation) verharrenden Shiva, auf die bildhübsche Parvati aufmerksam zu machen, indem er fünf Liebespfeile auf

---

2 *Himalaya* heißt wörtlich: *Wohnstatt des Schnees*, abgeleitet von *Hima* (Schnee) und *alaya* (Raum).

Shiva, auf dem Elefantendämon Gajasura tanzend
Hoysaleshwara-Tempel, Belur

ihn schoß. Shiva, in seinem Tapas (Askese) gestört, entwickelte einen solchen Jähzorn, daß er mit Feuer aus seinem dritten Auge Kama zu Asche verbrannte. Daraufhin erkannte Parvati, daß sie nur durch ein ebensolches spirituelles (vergeistigtes) Leben ihren auserwählten Herrn dazu bewegen konnte, sie als Gattin zu akzeptieren. Sie begann, in ihrem Innersten Shiva als Gott, Herrn und Geliebten zu verehren. Ihre Glut der Hingabe wurde immer stärker, bis Shiva kam und sie zu seiner Frau erwählte.

Heute noch symbolisiert Parvati die ideale Gattin, sowohl in ihrer perfekten Schönheit als auch in ihrer unendlichen Geduld und ihrer grenzenlosen Hingabe.

Parvati wird in ihrer unübertroffenen bildhaften Schönheit als *Tripura Sundari* (Schönste der drei Welten) bezeichnet. Shiva und Parvati stellen für die Inder das vollendete Ehepaar dar. Dieses Ideal wird heute noch in mehr als tausend Namen der Verehrung gepriesen.

Auf diese Erzählungen von Shiva und Parvati, die in tänzerischer Form dargestellt werden, kommen wir später noch einmal im Detail zurück. Daneben kommt die ursprünglichste Darstellung Shivas im kosmischen Tanz des Shiva Nateshwara, im *Ananda Tandava* zum Ausdruck. Ananda Tandava bedeutet Tanz der Freude und Glückseligkeit. *Tandava* ist die Bezeichnung für den männlichen, das heißt dynamischen und kraftvollen Aspekt im Tanz, im Gegensatz zum Lasya, der Weiblichkeit und Grazie verkörpert und zur Natur der Gattin Shivas gehört. Selbst die hinduistische Trinität — Brahma, Vishnu, Shiva — hat ihre Wurzel im Symbol Ishvaras oder *Maheshvaras*, des großen Shiva, der in den ältesten Darstellungen mit drei Köpfen als *Trimurti* abgebildet wird.

Shiva stellt somit die drei grundlegenden Kräfte des Lebens dar, die schöpferische in seiner Funktion als Schöpfer, die erhaltende in seiner Funktion als Beschützer und die zerstörende in seiner Funktion als der Zerstörer des Bösen und des Erlösers und Auflösers der Welt. Diese dreifache Funktion Shivas kommt in seinen sieben Tänzen zum Ausdruck. Shiva verkörpert als Nrittamurti, als der tanzende Gott, das dynamische evolutionäre Prinzip der Schöpfung. Seine erhabene Ausstrahlung ist Ausdruck von Wissen und Weisheit. Mit seinem rechten Fuß zertritt er den Dämon Muyalakha, die Verkörperung der Unwissenheit (*Avidhya*) oder Apasmara Purusha. Muyalakha wird mit den sechs der Erleuchtung, das heißt dem Wissen, feindlich gegenüberstehenden Eigenschaften charakterisiert. Diese sind: Begierde (*Kama*), Jähzorn (*Krodha*), Geiz (*Lobha*), Egoismus (*Mada*), Eifersucht (*Matsara*) undie die Unwirklichkeit der Sinneswahrnehmung (*Maya*). Die Darstellungen

Shiva und Parvati
Hoysaleshwara-Tempel, Belur

des Shiva Nataraja und des Shiva Nateshwara versinnbildlichen den Triumph des Wissens über die Unwissenheit.

Shivas Tanz ist ein Abbild des immerwährenden kosmischen Rhythmus von Tod und Wiedergeburt, vom andauernden Pulsieren der Schöpfung und ihrer Auflösung, sinnbildlich dargestellt durch die kleine Trommel *Damaru* in seiner rechten erhobenen Hand. Mit dem ersten Klang dieser Trommel nahm die Schöpfung ihren Anfang, und mit ihrem letzten wird sie sich wieder auflösen. Der Klang, das heilige Wort (Mantra) *Om*, war die erste Manifestation der Schöpfung. Er wird durch die Trommel *Damaru* und ihren ersten Klang oder Trommelschlag *Nada* repräsentiert.

Im ewigen Tanz Shivas wird die Aufrechterhaltung der Schöpfung ausgedrückt. Seine zweite rechte Hand hält er in *Abhaya Hasta*, der Haltung, die aussagt: »Fürchte dich nicht, ich beschütze dich!« Dies ist die Hand der göttlichen Gnade für all jene, die in Ihm Zuflucht suchen. Sie verheißt seinen Verehrern Segen. In seiner linken erhobenen Hand hält Shiva die heilige Flamme (*Agni*), das Feuer als Sinnbild für Opfer, Reinigung und Zerstörung. Seine zweite linke Hand hält er in der *Dola-Hasta-Mudra* (Haltung), die, den Arm quer vor der Brust haltend, auf den linken Fuß zeigt. Dieser erhobene Fuß (*Vama-Pada*) ist Zeichen der Loslösung von der Erde (der irdischen Verwurzelung) und zeigt damit den Weg zur Erlösung. Seinen Sieg über das Irdische darstellend, triumphiert Shiva auf dem zwergenhaften Dämon Muyalakha, der Verkörperung von Unwissenheit (*Apasmara Purusha*), indem er tanzend mit seinem rechten Fuß auf ihm herumtrampelt.

Auf seinem Kopf trägt Shiva im Haarknoten die Flußgöttin Ganga, die, nachdem sie einmal zu stürmisch geworden war, von Shiva zur Kontrolle ihrer alles ertränkenden Kraft dorthin plaziert wurde. Sie ist zugleich Zeichen der ewig nährenden Kraft Shivas (*Chitshakti*), der ihr Wasser von seinem Haupt fließen läßt.

Sein Haar ist geschmückt mit der Sonnenscheibe und der Mondsichel. Die Sonne als Energiespender für alle Lebewesen ist ebenfalls ein Attribut Shivas. Der Mond ist der Spender von *Soma*, dem göttlichen Nektar, der mit dem Ambrosia aus der griechischen Mythologie zu vergleichen ist. Soma ist eine Essenz, die im indischen Altertum von den Brahmanen durch ein Ritual hergestellt wurde und die ebenso durch die Wirkung des Mondes im Organismus des Menschen produziert wird. Seine Wirkung im Menschen ist sehr wohltuend auf die Physiologie und die Psyche und hat beispielsweise für einen Yogi große Bedeutung in seiner spirituellen Entwicklung. – Das dritte Auge oder geistige Auge Shivas ist das Symbol des Wissens und der Erleuchtung.

Detail einer Skulptur (Halebid)

Die sieben Tänze Shivas

Ananda Tandava

Das Konzept des Ananda Tandava wird durch zwei Erzählungen aus dem *Koyil Purana* verdeutlicht. Dort heißt es, daß Shiva eines Tages Vishnu erzählte, im Walde befände sich eine große Zahl von ungläubigen Ketzern, die eine Existenz Gottes ablehnten und sich mit Feueropfern beschäftigten[3]. Shiva beschloß also, diese Menschen zu belehren und begab sich mit Vishnu, der die Form einer Frau annahm, und mit der Schlange *Adi Shesha*, auf der er als Mahavishnu (*Narayana*) ruht und die die Welt auf ihrem Haupte trägt, zu dieser Gesellschaft. Bevor Shiva mit seinem Gefolge bei diesen Menschen auftauchte, begannen diese, durch böse Vorzeichen ängstlich gestimmt, ein Feueropfer zur Abweisung der vermeintlichen Gefahr vorzubereiten.

---

3 Dies bezieht sich möglicherweise auf eine Schar von mit vedischen Feuer-Ritualen (*Homa*) beschäftigten Mönchen oder Asketen.

Als nun Shiva erschien, entsprang ein wütender Tiger dem Opferfeuer der Ungläubigen und fiel Shiva mit weitaufgerissenem Rachen an. Doch dieser, unbeeindruckt von den magischen Künsten der ungläubigen Asketen, zerriß lächelnd mit bloßen Händen den Tiger, zog ihm das Fell ab und wickelte es um seine Taille. Die Asketen aber fuhren fort mit ihrem Opfer, und eine monströse Schlange entfuhr dem Feuer und schnellte auf Shiva zu. Er aber ergriff sie und legte sie wie ein Schmuckstück um seinen Hals. Darauf begann Shiva seinen mystischen Tanz zu tanzen.

Doch die Asketen schreckten nicht zurück und setzten ihr Werk fort, bis das Schreckliche passierte. Dem Feuer entsprang ein dämonenhafter Zwerg von bestialischem Aussehen und stürzte sich auf Shiva. Dieser Zwerg war die Verkörperung der Unwissenheit und das personifizierte Böse, Apasmara oder Muyalakham genannt. Doch der Allmächtige erhob seinen rechten Fuß und zertrampelte tanzend den Dämon. Damit offenbarte er den Sieg des Wissens und zeigte den Ungläubigen den Weg zur Erleuchtung. Dieses Ereignis wurde von allen Göttern des Himmels mitverfolgt. Die ungläubigen Asketen waren überwältigt von der Allmacht Shivas und wurden seine Verehrer.

Die göttliche Schlange Adi Shesha war vom Tanz Shivas so bezaubert, daß sie ihm sagte, es sei ihr Herzenswunsch, diesen mystischen Tanz noch einmal zu sehen. Shiva gab ihr das Versprechen, diesen Tanz im heiligen Tillai, dem Zentrum des Universums in Chidambaram[4], noch einmal aufzuführen. Aufgrund dieser Geschichte wird Shiva immer mit einem Tigerfell bekleidet und mit einer Schlange um den Hals geschmückt dargestellt.

Durch die zweite Geschichte wird Shiva als höchster aller Tänzer bestätigt. Ihr zufolge fand zwischen Shiva und seiner Gattin Kali Shakti Devi ein Tanzwettbewerb statt. Hierbei ist es wichtig einzufügen, daß jede Gottheit zwei Aspekte in sich vereint, die männlich zeugende oder schöpfende Kraft und die weiblich gebärende Kraft. Diese beiden Polaritäten werden durch die Funktion von Mann und Frau ausgedrückt, denn eine Schöpfung ohne männliches und weibliches Prinzip wäre undenkbar. Deshalb gibt es in Indien auch Darstellungen von Gottheiten, in denen beide Geschlechter in einer Person vereint sind, wie die des *Ardha-Nari-Ishvara* (wörtlich: *halb Frau – Ishvara*). In der Regel aber werden diese zwei Aspekte des Einen durch die männliche Gottheit und seine Gattin dargestellt. Die älteste Form,

---

4 Siehe Seite 34

diese Symbolik auszudrücken, ist die Darstellung des Lingam-Yoni (Phallus und weiblicher Schoß).

In Indien hat das weibliche Prinzip in manchen Beziehungen weit größere Bedeutung als im Westen. So reden wir dort von der Mutter Erde, wir bezeichnen unser Herkunftsland nicht als Vater-, sondern als Mutter-Land, und die höchste Idee Gottes ist nicht die des Schöpfers, sondern die der Allmutter-Göttin Shakti.

Kali oder Shakti ist also die Bezeichnung für das weibliche Prinzip Gottes. Ihre verschiedenen Formen oder Inkarnationen sind Ausdruck ihrer verschiedenen wesenhaften Eigenschaften. So erscheint Shakti in der Gestalt von Parvati, Uma, Sati, Minakshi, Kali und Durga. Durga wiederum wird auch als Chamunda verehrt, da sie in dieser Gestalt Dämonen und *Asuras* (das heißt Feinde Gottes) vernichtete. Kali wird dargestellt als Schrecken verbreitende Göttin, die sich mit einer Girlande von Totenschädeln vernichteter Feinde (Asuras) schmückt.

Bei dem Tanzwettbewerb ging es darum, daß Shiva seiner Gattin Kali nicht erlaubte, die goldene Halle (Sabha) des Tillai von Chidambaram zu betreten, in der er vor einer großen Versammlung seiner Verehrer (Götter und Rishis) den Ananda Tandava aufführen wollte. Die Versammlung bestimmte, daß der größere Tänzer von ihnen beiden anschließend zu tanzen habe.

Shiva begann seinen Tanz und Kali imitierte jede seiner Bewegungen in solcher Perfektion, daß der Wettbewerb unentschieden auszugehen schien. Da verlor — so wird berichtet — Shiva einen seiner Ohrringe und hob diesen, ohne seinen Tanz zu unterbrechen, kurzerhand mit den Zehen seines Fußes auf und steckte ihn mit dem Fuß wieder ans Ohr. Eine andere Quelle berichtet einfach davon, daß Shiva seinen rechten Fuß hob und das Bein himmelwärts ausstreckte. Als edle, schamhafte Frau vermied Kali jedoch diese für sie unziemliche Pose und verließ würdevoll, erfüllt mit weiblichem Stolz, kurzentschlossen den Raum. Auf diese Art bestätigte sich Shiva als größter aller Tänzer. In Wahrheit aber sind Shiva und Kali, da essentiell wesensgleich, in ihrer Macht und Kunst identisch. Es gibt auch einen Tanz Kalis, in dem sie den männlichen, energetischen Aspekt Shivas darstellt und der deshalb *Kali Tandava* genannt wird.

Im *Natanam Aadinar* wird der Ananda Tandava Shivas, der Tanz, der der obigen Begebenheit folgte, dargestellt beziehungsweise erzählt. Der Natanam Aadinar ist ein Tanz, in dem die brillante Technik der Schrittkombinationen in vollendeter Form erscheint. Er ist deshalb ein vollendetes Beispiel der Bharata Natyam-Kunst.

Pralaya Tandava

Ein weiterer Tanz Shivas ist der Pralaya Tandava (auch Samhara Tandava), in dem er mit zehn Armen dargestellt wird. Diese sind Zeichen seiner allmächtigen Kraft.

In diesem Tanz zerstört er die Bindung der Seele an die Welt, indem er die Erde verbrennt und in Staub verwandelt und sie durch die Ozeane überfluten läßt[5].

Hier symbolisieren Feuer und Wasser die Läuterung der Seele, wobei das Ego und damit die mit ihm verhaftete Sinneswelt durch die Kraft des Feuers beseitigt wird. Dieser Tanz ist der Tanz der Befreiung der Seele.

Ardha-Nari-Nateshwara Tandava

Ein anderer Tanz Shivas ist der Ardha-Nari-Nateshwara Tandava, in dem der zweifache Aspekt Shivas in Mann-Frau-Gestalt dargestellt wird. Dieser Tanz wird auch Shiva-Parvati Nritya genannt.

Sandhya Nritya

Als einer der schönsten Tänze Shivas gilt der Sandhya Nritya, der Sonnenuntergang-Tanz. Er wird auch als yogischer Tanz des Yogeshwara-Shiva bezeichnet.

Auf Bitten der göttlichen Mutter, der Herrscherin über die drei Welten, die, auf einem goldenen Thron sitzend, in Anwesenheit aller Götter das Geschehen verfolgte, führte Shiva auf dem Berg Kailasa im Himalaya, dem Zentrum der Erde, diesen Tanz auf. Gerade bei Sonnenuntergang in der Abenddämmerung, noch vor dem Eindringen der Königin der Nacht, spielten die Götter zum Tanz auf. Saraswati, die Gattin des Schöpfergottes Brahma und Göttin der Musik und Bildung, spielte die Vina[6], Indra spielte die Flöte, Brahma gab den *Tala* (Takt/Rhythmus) mit den Zimbeln, Vishnu spielte die Mridangam-Trommel und Lakshmi, seine Gattin, sang das Lied. Die Welt vibrierte im

---

5 Hier besteht eine interessante Verbindung zur griechischen Mythologie, derzufolge die Erde einmal verbrannt worden ist, weil ihr die Sonne zu nahe kam, und zur biblischen Erzählung von der Sintflut.
6 Südindisches Saiteninstrument, Vorläufer der Sitar.

92

Klang der Musik, und alle Wesen der drei Welten schauten mit den Göttern zu: die Apsaras, Gandharvas, Siddhas, Amaras und Yakshas. Sie alle wurden vom Tanz Shivas, der Ausdruck höchster göttlicher Glückseligkeit war, verzaubert. Die Botschaft dieses Tanzes ist die der Befreiung von der Welt des Leidens durch inneres Glück.

Sati Tandava

Ein weiterer Tanz Shivas ist der Sati Tandava. Es wird erzählt, daß Daksha, der Vater von Shivas Gattin Sati, es einmal unterließ, Shiva zu einem heiligen Ritual einzuladen. Sati war so traurig über die Abwesenheit ihres Geliebten, daß sie ins Opferfeuer (*Homa*) sprang. Shiva erfuhr davon, erschien beim Ritual, nahm die verbrannte Sati aus dem Feuer und tanzte, sie auf seinen Armen tragend und außer sich vor Wut, siebenmal um die Welt.

Die Welten erbebten, und Götter und Menschen zitterten vor Furcht. Schnell mußte etwas getan werden, um die Welt vor dem Zerbersten zu retten. So machte Vishnu dem Tanz Shivas ein Ende, indem er Satis Körper vernichtete. Damit wurde Shiva von seiner Qual erlöst. In tiefem Gram versinkend ging er darauf als asketischer Yogi in die Einsamkeit, bis er durch die in Parvati wiedergeborene Sati erlöst wurde.

Shakti Tandava

Shakti ist die kosmische weibliche Energie, die nicht von Shiva getrennt werden kann. Sie erfährt ihren Ausdruck im Feuerrad des Nataraja und wird als Gattin Shivas dargestellt. Nur durch die Vereinigung mit dieser Energie, Shakti, besitzt Shiva die Macht zu erschaffen. Shakti ist die alles überdauernde kosmische Energie, die als göttliche Mutter verehrt wird.

Tripura Tandava

Shiva vernichtete in einer Schlacht mit Hilfe von Vishnu als Bogen und Brahma als Wagenlenker die Rakshasa (Dämonen)-Söhne Taraksha, Kamalaksha und Vidyunmali, die die Herzen der Menschheit terrorisierten und Unsterblichkeit anstrebten. Auch sie wollten Herren über die drei Welten werden. Deshalb heißt dieser Tanz Tripura (drei Welten) Tandava.

Flöte spielender Krishna (Halebid)

Krishna

Vishnu hat als zweite Gottheit der Hindu-Trinität ebenfalls eine große Bedeutung für den klassischen indischen Tanz. Er wird als Mahavishnu in Form seiner zehn Inkarnationen (*Dasha Avatara*) verehrt, wovon die zwei berühmtesten und in Indien beliebtesten die des edlen Rama und des flötenspielenden Krishna sind. Als seine bislang letzte Inkarnation wird die des Buddha angenommen, die damit die neunte von zehn Inkarnationen innerhalb einer Schöpfungsperiode von vier Yugas[7] war.

Die Söhne Shivas und Parvatis gehören zu den wichtigsten Nebengöttern im Hinduismus. Sie werden teilweise auch als Nrittamurtis (tanzende Götter) dargestellt. Der leibliche Sohn Karttikeya wird in verschiedenen Formen dargestellt und verehrt, so auch als Subramanya und Dattatreya.

---

7 Siehe Kapitel II, Einleitung

94

Karttikeya, auch Subramanyam oder, in Südindien,
Skanda genannt.

Karttikeya

Karttikeya ist der Gott des Krieges und wird in seiner Form als Subramanyam auch von Jägern verehrt. Die mythische Entstehung Karttikeyas geht auf die puranische Erzählung zurück, wonach die Welt von dem mächtigen Dämon Taraka terrorisiert wurde und alle Herrscher und Weisen ihre Hoffnungen nach Frieden in Shiva setzten. Dieser aber befand sich zu der Zeit in Askese, zurückgezogen in den Bergen des Himalaya. Die Weisen sagten, es sei der Sohn Shivas, der auserwählt sei, die Welt von dem Schrecken verbreitenden Taraka zu befreien. So kam es dann auch, als Shiva Parvati heiratete und sie darauf einen Sohn gebar, der Karttikeya genannt wurde. Karttikeya wurde ein mächtiger Krieger und führte die Götter gegen Taraka in den Krieg. So wurde Taraka von Karttikeya in einer fürchterlichen Schlacht erschlagen.

Obwohl in Indien sehr verehrt, spielt Karttikeya im Tanz eine untergeordnete Rolle. Seine Themen werden im Ausdruckstanz dargestellt.

Ganesha

Neben dem leiblichen Sohn Karttikeya haben Shiva und Parvati noch einen »geistige Sohn«, Ganesha genannt.

Der Mythologie zufolge hatte Parvati eines Tages den Wunsch nach einem ganz persönlichen Beschützer. So erschuf sie aus Erde und ihrem Schweiß einen schönen kräftigen Jüngling, dem sie Kraft ihrer Göttlichkeit Leben einhauchte. Dieser Jüngling gewährte auf Geheiß seiner Herrin und Mutter niemanden Eintritt in das Haus, so daß selbst Shiva sein eigenes Heim nicht betreten konnte. Nach längerem Hin und Her entstand ein Kampf zwischen den Göttern, die Shiva unterstützten, und dem treuen Torhüter Parvatis. Doch dieser schlug sie alle in die Flucht, so daß es einer Hinterlist der Götter bedurfte, um den Jüngling zu besiegen. Dabei verlor er sein Haupt. Parvati war untröstlich über diesen Verlust, und Shiva beauftragte den göttlichen Arzt, den Jüngling wieder zum Leben zurückzubringen. Dieser befahl den Göttern zu gehen und dem Erstbesten, der ihnen über den Weg liefe, das Haupt abzutrennen und damit zurückzukommen. Als ein junger Elefant als erster ihren Weg kreuzte, taten sie wie befohlen und kamen mit dem Haupt des Elefanten zurück. Dieses wurde dem Jüngling aufgesetzt, und so kehrte er zum Leben zurück.

Ganesha, der elefantenköpfige Gott mit menschlichem Körper, wurde zum Symbol von Glück und Wohlfahrt, und er wird in Indien zu Beginn jedes neuen Unterfangens um seinen Segen gebeten. Ganesha spielt im Hinduismus eine überaus wichtige Rolle und wurde zur beliebtesten Nebengottheit. Er ist bekannt für seinen Scharfsinn und seine umfassende Weisheit und Weitsicht. Er wird auf einer Ratte reitend dargestellt. Er ist der Beseitiger von bösen Vorzeichen und wird deswegen auch *Vighneshwara* genannt.

Jede Tempelzeremonie beginnt mit einer Hymne an Ganesha. So wird auch jede Bharata Natyam-Aufführung mit einem Gebet (Gesang) an den Gott Ganesha begonnen. Ohne dies wird eine Tanz-Aufführung als vulgär oder gottlos bezeichnet.

Die tänzerischen Darstellungen Ramas aus dem Ramayana-Epos und Krishnas aus dem Mahabharata sind besonders im Tanztheater sehr beliebt. Auch im Solo-Bharata Natyam hat Krishna eine große Bedeutung. Besonders seit der Bhakti-Periode nehmen Krishna-Darstellungen im klassischen Tanz einen großen Raum ein.

Krishna ist die achte Inkarnation (*Avatar*) Mahavishnus und nahm menschliche Gestalt an, um die Welt von dem Terror und Schrecken verbreitenden Kamsa zu befreien und um ethische Pflicht (Dharma) und Moral in der Welt wiederherzustellen. Krishna ist zudem die »zentrale Gestalt« im Mahabharata-Epos[8], in dem er als göttlicher Wagenlenker den zaudernden edlen Krieger Arjuna, der sich unfähig sah, gegen seine eigenen Verwandten, die Unrecht taten, zu kämpfen, aufforderte, seine Pflicht (Dharma) zu erfüllen, dadurch, daß er in ihm (Krishna), der in allen Menschen wohne, die Vollendung des kosmischen Gesetzes erkenne.

Das Zwiegespräch zwischen Krishna und Arjuna wurde als *Bhagavad Gita* (Gesang des Erhabenen) zur zentralen Schrift des Mahabharata-Epos. Dieser Dialog wurde in der Folge neben den vier Vedas zur bedeutendsten Schrift des Hinduismus und nimmt heute in Indien etwa dieselbe Bedeutung ein wie das Neue Testament für die Christen. Die Bhagavad Gita gehört heute zu den beliebtesten philosophischen Schriften Indiens. Ihr tiefer Gehalt kommt in jedem ihrer zahlreichen Verse zum Ausdruck:

Allein das Handeln kannst du lenken,
doch niemals dessen Früchte.
Leb nicht für deiner Taten Früchte,
noch klamm're dich an Tatenlosigkeit.
Bhagavad Gita II 47

Von Bindung, Furcht und Zorn befreit,
in Mir ganz aufgegangen, Mich als Zuflucht nehmend,
aus Weisheit gereinigt, durch Beschränkung
sind viele schon zu Meinem SEIN gelangt.
Bhagavad Gita IV 10

Die außerordentliche Beliebtheit Shri Krishnas ist auch darauf zurückzuführen, daß er entsprechend seiner verschiedenen Lebensabschnitte auf mannigfaltige Weise dargestellt und als der Gott und Herr aller Dinge vielschichtig interpretiert wurde.

So erscheint Krishna als Tänzer und Gott der ewigen Melodie. Er ist der furchtlose Kämpfer für Gerechtigkeit im Mahabharata und gleichzeitig Vermittler und Zufluchtsspender für die Hilfesuchenden. Er ist derjenige, der im »Gesang des Erhabenen« den Menschen den fünffachen Yoga der Befreiung lehrt.

---

8 Siehe Kapitel II, Geschichte (Nachvedische Zeit)

Der Krishna aber, der von Millionen Indern geliebt wird, ist der neckische, findige, immer zu Späßen bereite kleine (junge) *Bala Gopala* und der jugendliche, von den Hirtenmädchen geliebte und verehrte *Gopala Krishna*.

Krishna wurde, obwohl adeligen Ursprungs, in einfachen Verhältnissen von Pflegeeltern aufgezogen. Dort wurde er zum Krishna, der Flöte spielend in den Gärten von Vrindavan die Kühe hütet und mit den Hirtenmädchen im Reigen tanzt; der mit Gold bestickte seidene Dhotis auf seiner blauen Haut trägt, nach Sandelparfüm duftet und dessen schwarze Augen, die die Form von Lotusblättern haben, neckisch funkeln.

Durch den bezaubernden göttlichen Klang seiner Flöte verführte er die Hirtenmädchen, und über 1600 Frauen nannten sich seine Freundin. Als kleiner Krishna (*Bala Krishna*) naschte er heimlich Butter und Milch und machte den Hirtenmädchen mit seinen Späßen »das Leben schwer«. Doch mit den himmlischen Melodien, die er auf seiner Flöte spielte, entzog er sich jeder Strafe.

Es gibt unzählige Geschichten von Krishna und von der Liebe der Hirtenmädchen zu ihm. All diese haben jedoch keinerlei geschichtliche Bedeutung, sondern besitzen allein eine tiefe Symbolik. Sie versinnbildlichen auf einfache Weise die Suche des Menschen nach Gott und der mystischen Vereinigung mit ihm.

Krishna Lila

Es gibt viele Tänze, die Krishna und die große Liebe des Hirtenmädchens Radha zu ihm zum Thema haben. Diese Tänze werden *Krishna Lila* (Spiel Krishnas) genannt. Sie lehren uns die perfekte Harmonie und das Besiegen der weltlichen Leidenschaften durch ein spirituelles (auf das Geistige ausgerichtete) Leben.

Obwohl der Ehemann Radhas zuerst eifersüchtig wird, nachdem ihm Radha ihre Liebe zu Lord Krishna offenbart, wird er selbst später zum größten Verehrer Krishnas, als er erkennt, daß diese Liebe eine reine, innere Beziehung ist.

Ras Lila

Wenn die Gopis (Hirtenmädchen) dem himmlischen Klang von Krishnas Flöte hören, vergessen sie alles, den Ehemann, die Kinder und die Arbeit, und beginnen, Krishna überall zu suchen, auf der Weide und am Flußufer, wo er im Mondschein seine Zauberflöte spielt. Krishna, bei solcher Gelegenheit von vielen Gopis überrascht, sagt, daß er nicht die Absicht hatte, sie zu stören, und daß sie besser nach Hause zurückkehren sollten. Diese aber werden traurig und sagen, daß sie bereits ihre Männer und Kinder verlassen haben und er sie deshalb nicht enttäuschen könne. So multipliziert sich Krishna um das Vielfache und tanzt mit jeder Gopi gleichzeitig. Tänze dieses Themas werden Ras Lila genannt und sind in Indien außerordentlich beliebt.

Krishna Tandava

Der Krishna Tandava erzählt von der heldenhaften Tat des jungen Krishna, als er das hundertköpfige Schlangenmonster Kalya tötet und schließlich auf ihm triumphierend seinen Tandava tanzt.

Krishna Padam

Die Mutterliebe der Adoptiv-Mutter Yashodha zum Bala Gopala, dem Kind-Krishna, ist ein bedeutendes Thema im Nritya Abhinaya (Ausdruckstanz) des Bharata Natyam. Diese Tänze gehören zur Gruppe der Padam[9].

All diese Themen und ihre Charaktere werden im Bharata Natyam durch eine einzelne Tänzerin in der Solodarstellung interpretiert. Die wechselnden Charaktere innerhalb desselben Tanzes erfordern von der Tänzerin ein großes Vorstellungsvermögen und ein feines Gefühl für die »Atmosphäre der Thematik«.

Vishnu

Neben den Krishna-Darstellungen im Tanz gibt es noch einen legendären Tanz Vishnus, den *Mohini Attam*, der als eigenständiger Tanzstil im Südwesten Südindiens (Kerala) vorkommt, aber auch im Tanztheater aufgeführt wird.

Die Mythologie berichtet vom Dämon Bhasmasura, der besessen von der Idee war, durch Askese und Meditation Macht über die drei Welten (Himmel, Erde, Unterwelt) zu erlangen. Nach langer Entsagung wurde er unbesiegbar und erhielt die Fähigkeit, allein durch das Auflegen seiner Hand alles zu

---

9 Siehe Kapitel VII, Arangetram

Vishnu mit Tänzerin und Musikanten (Halebid)

Asche zu verbrennen. Als er darauf versuchte, damit die Götter und allen voran Shiva, den Herrn der drei Welten, zu vernichten, nahm Vishnu die Gestalt der betörenden Tänzerin Mohini an. Als nun Mohini vor Bhasmasura tanzte, war dieser derart verzaubert, daß er im Gleichschritt mit ihr ebenfalls zu tanzen begann. Da erhob Mohini tanzend ihre rechte Hand und hielt sie in einer Tanzgeste über ihren Kopf. Bhasmasura, der all ihre Bewegungen wie in Trance nachvollzog, tat dasselbe und verbrannte sich damit selbst zu Asche. Daher kommt sein Name von *Bhasma* (Asche) und *Asura* (Gegner Gottes).

Sarasvati

Unter den tanzenden Gottheiten kommt, wenngleich selten, auch Sarasvati, die Göttin der Gelehrsamkeit und Kunst und Gattin Brahmas, des Schöpfers vor. Die schönste Darstellung der tanzenden Saravati, in der sie Grazie und Schönheit verkörpert und die Rhythmik ihrer tanzenden Füße zum Ausdruck kommt, ist in einem Tempelrelief in Halebid zu sehen.

100

5. Helden- und Charakterdarstellungen

Die Bhakti-Bewegung hatte in Indien einen ungemein bestimmenden Einfluß
auf die Kunst. Obwohl die vedischen Helden- und Charakterdarstellungen
Die Bhakti-Bewegung hatte in Indien einen ungemein bestimmenden Einfluß
auf die Kunst. Obwohl die vedischen Helden- und Charakterdarstellungen
erhalten blieben, wurden sie in ihrer Bedeutung in den Hintergrund gedrängt,
so daß die Götterthemen dominierten. Trotzdem sind die Charaktere in den
Darstellungen des Bharata Natyam nicht nur Götter, sondern auch bedeutende Menschen, meistens aus der Oberschicht Indiens. Die männlichen
Hauptcharaktere werden *Nayaka*, die weiblichen *Nayika* genannt. Die Themen dieser Charakterdarstellungen entstammen der Kunstdichtung (*Kavya*).
Besonders im klassischen Tanztheater des Bharata Natyam sind diese Charakterdarstellungen sehr häufig.

Die beliebtesten Themen entstammen den Werken von Kalidasa. Ebenfalls sehr beliebt ist das *Kuruvanji Tanztheater*, in dessen Themen die Liebe
des schönen Mädchens Madanavalli zum König Saraboji in vielen Variationen dargelegt wird. Eine bedeutungsvolle Rolle in diesen Dramen nimmt die
Wahrsagerin (Kuruvanji) ein, weswegen ihnen dieser Name gegeben wurde.
Neben vielen anderen ist das Kuruvanji das beliebteste Thema aus der Tamil-
Literatur. Die schönsten Kuruvanji-Dichtungen sind zur Zeit der Herrschaft
von König Saraboji II. (1777–1832) entstanden. Saraboji war ein großer Förderer der Kunst in Südindien. Einer der berühmtesten Kuruvanji-Komponisten
war Sarabhendra Bhupala Kuruvanji, der zur Zeit Sarabojis II. lebte. Die
schönsten und bekanntesten Kuruvanji-Interpretationen (Tanzaufführun-
gen) unseres Jahrhunderts stammen von Pandanallur Minakshi Sundaram
Pillay.

Neben dem beliebten Kuruvanji Tanztheater nehmen die Drama-Dich-
tungen Kalidasas einen großen Raum im klassischen Tanztheater ein. Kalidasas Wortwahl in seinen Werken ist in vollkommener Übereinstimmung mit
der Terminologie der Tanz- und Dramakunst. Damit fällt eine Überarbeitung
für Tanzkompositionen weg. Diese Eigenart ist einzigartig in der indischen
Literatur und hat sicherlich auch dazu beigetragen, daß Kalidasas Werke
eine dominierende Rolle in der Kavya-Dichtung einnahmen und noch heute
besondere Beliebtheit in den Tanzdramen genießen.

6. Das Bharata Natyam-Tanztheater

Die Regeln des Bharata Natyam Tanztheaters sind im wesentlichen identisch mit denen der Solodarstellungen und gehen zurück auf Bharata, der die Regeln des Schauspiels bereits im Natyashastra genauestens definiert hat. Der Bharata Natyam ist ein derart vollständiges, das heißt komplexes System des Tanzes, daß damit jegliche Episode und jedes bedeutende, weil bewegende Ereignis dargestellt werden kann. Für einen Bharata Natyam-Komponisten wäre es darum kaum eine Herausforderung, selbst ein biblisches Thema mit seinem ganzen philosophischen Gehalt und den entsprechend charakteristischen Rasas[10] darzustellen.

Es ist vielleicht interessant zu wissen, daß in Indien sogar europäische klassische Märchen, beispielsweise *Aschenputtel*, in Tanztheatern aufgeführt werden. Gerade Märchen haben es ja an sich, daß sie regional-kulturell kaum gebunden und allgemeinverständlich sind.

Hier werden im wahrsten Sinne des Wortes die grenzüberschreitenden Möglichkeiten und Eigenschaften des Bharata Natyam deutlich. Obwohl aus der indischen Kultur hervorgegangen und in seiner Darstellung typisch indisch, ist der Bharata Natyam eine im höchsten Grad integrative Kunst, die sich in jede beliebige Kultur einfügen läßt und ohne weiteres ein Bestandteil von ihr werden kann.

Obwohl die Tanzthemen des Bharata Natyam über Jahrhunderte dieselben geblieben sind und seine Inhalte aus den Schriften der puranischen Hinduliteratur geschöpft wurden, würde es der Sache kaum gerecht, bezeichnete man ihn deswegen als durchwegs religiösen Tanz. Nachweislich kam diese klassische Tanzkunst seit der Induskultur sowohl im Tempel als auch auf den Volksbühnen zur Aufführung. Obwohl er nach dem Natyashastra für die Öffentlichkeit bestimmt war, wanderte er zuerst vom Tempel zur Bühne und dann wieder von der Bühne zum Tempel (südindische Hochblüte), bis er zu Beginn unseres Jahrhunderts wieder zur Bühne zurückkehrte. Mit anderen Worten: Dem klassischen Tanz wurde in verschiedenen Kulturepochen einmal mehr Gewicht in seiner Form als Volks-Theaterkunst und ein andermal mehr Gewicht als Tempeltanz gegeben. Doch beide Formen existierten, wenn auch mit unterschiedlich starker kultureller Bedeutung, immer nebeneinander.

---

10 Siehe Kapitel IV, Grundlagen der Theorie und Technik.

Die Thematik der Tänze unterschied sich dabei kaum. Auch die Tanztechnik war in beiden Darstellungsformen dieselbe. Natürlich sind die heute üblichen Themen der Tänze dem indischen Denken näher verbunden als dem westlichen. Doch ihr philosophischer, ethischer und moralischer Gehalt ist im Westen genauso gültig wie im Osten. Zudem sind die indischen Götterthemen, wie wir eben gesehen haben, keineswegs weltfremd, sondern überaus menschlich mit emotionalen Verknüpfungen, die überall auf der Welt von allen Menschen, gleich welcher Rasse, welcher nationalen Zugehörigkeit und religiösen Überzeugung, verstanden werden können. Ihre Aussage ist genauso gültig für Menschen mit einfacher oder keiner Bildung wie auch für Menschen mit Hochschulbildung.

Der Bharata Natyam ist nicht nur ein Fest für das Auge, sondern ebenso eine Wohltat für Herz und Seele. In dieser Hinsicht sprengt er die Fesseln aller Gegensätze und erhebt sich über seine Bedeutung als Tradition des Hinduismus. Außerdem wurde der Bharata Natyam, um seiner Form als Bühnenkunst gerecht zu werden, von seinen Erneuerern Ende des 18. Jahrhunderts von den strengsten religiösen Tänzen wie beispielsweise dem *Navasandhi Nritya* befreit. Es ist also jeder einzelnen Tänzerin überlassen zu entscheiden, ob sie ihre religiösen Gefühle und Emotionen mit dem Tanz in Verbindung bringt oder nicht. Andererseits sollte man Essenz, Zweck und Ziel dieser Kunst nie vergessen, nämlich das vollendet Göttliche in ihr, das in der Hingabe zur Kunst erst volle Entfaltung findet.

*Pose aus Padam. Die Handgeste deutet das Anlegen
der Vermählungskette an und bedeutet »mein Mann«.*

Kapitel IV

Die technischen Grundlagen des Tanzes in Theorie und Praxis

1. Die Theorie des Bharata Natyam

Wie wir bereits gesehen haben, bezweckt der Bharata Natyam nicht eine lebensgetreue thematische Wiedergabe, wie dies in der westlichen Schauspieltradition der Fall ist. Vielmehr ist es das Ziel des Künstlers, eine absolute Form zu schaffen, die den makellosen, letztendlichen Zustand des Seins (*Purusha*) widerspiegelt. Dadurch wird die Vergänglichkeit des Lebens, also die subjektiven Erfahrungen und Emotionen der Sinneswelt transzendiert.

Indem der Mensch tanzt, transzendiert er den gewöhnlichen Zustand des Gespaltenseins, die Grenzen des Bewußtseins lösen sich auf, und er wird eins mit sich und allem, was ihn umgibt. Dieses Tiefenerlebnis und die Erkenntnis, daß alle Dinge vom eigenen Sein ausgehen, ist eine ganzheitliche Erfahrung der Einheit allen Lebens.

Der Bharata Natyam ist eine leicht stilisierte, aber sehr lebendige Darstellung einer idealen Welt. Es ist die Auffassung des Inders, daß dieses Ideal nur durch den Kontakt mit dem innersten Wesen der Natur, das die Grundlage jeder Existenz ist, hervorgebracht werden kann. Nur durch den Kontakt mit dem göttlichen, weil vollkommenen Bereich ist eine menschliche Vervollkommnung möglich.

Um diesen Aspekt der indischen Ästhetik zu begreifen, ist es nicht nur für den angehenden Künstler, sondern auch für den Zuschauer nötig, die Grundlagen von Theorie und Technik des Tanzes zu kennen. Das heißt nicht, daß der Zuschauer sich ein gewissermaßen akademisches Wissen über Bharata Natyam aneignen muß, doch der Genuß einer Bharata Natyam-Aufführung wird durch ein tieferes Verständnis dieser Kunst um vieles größer sein.

Kunst als Ausdruck von Vollkommenheit

Es ist bezeichnend, daß nach indischer Auffassung jede Kunst und jede Wissenschaft von einem Weisen (Erleuchteten) begründet, erweitert und ver-

vollkommnet wurde. So sind die *Shastras* (wissenschaftliche Schriften) entstanden, in denen die Regeln für die Künste festgelegt sind. Dies sollte auch
dem Menschen, der den Zustand der inneren Selbstverwirklichung noch
nicht erreicht hat, die Möglichkeit einer annähernd perfekten Wiedergabe
geben.

In Indien ist Kunst in ihrem innersten Wesen immer Ausdruck von Vollkommenheit. Eine wirklich vollkommene Kunstdarbietung ist jedoch nur
möglich durch die Vervollkommnung der eigenen Persönlichkeit. Die Selbstverwirklichung, die uns aus der Yoga-Literatur bekannt ist, sollte deshalb von
jedem ernsthaften Künstler angestrebt werden.

Kunst als Mittel zur Vollkommenheit

Auf dem langen Weg zur eigenen Vervollkommnung ist der Künstler auf die
Überlieferung angewiesen; auf die Schriften als autoritative Stütze und auf
die mündliche Überlieferung durch einen Lehrer. Obwohl in Indien die Kodi-
fizierung der Künste so reichhaltig, detailliert und exakt ist wie nirgendwo auf
der Welt, wird dem Lehrer eine weit größere Bedeutung als sonst üblich
beigemessen. Bücherwissen wird als totes Wissen bezeichnet — allein das
von einem Lehrer vermittelte Wissen ist lebendig und fruchtbar.

Indem der Kunststudent die Regeln für die Darstellung der Kunst beherrschen lernt, wächst er automatisch im Wissen und in der körperlichen Perfektion. Das Studium ist somit ein Bewußtseinsbildungs- und Reifungsprozeß
und führt zur Fähigkeit, Tanz in völliger Übereinstimmung mit dem Wesen
der Natur auszuüben. Dadurch, daß er den Tanz zu höherer Vollkommenheit bringt, entwickelt er sich selbst in Richtung Vollkommenheit, was ihm
wiederum befähigt, noch schöner und perfekter zu tanzen.

Die höchste Ästhetik der Kunst liegt in der Erfahrung des *Brahmananda*,
der inneren Glückseligkeit, die in jedem Menschen wohnt. Diese Erfahrung
wiederum ist die Quelle höchster künstlerischer Inspiration und Schaffens-
kraft.

2. Das System des Bharata Natyam

Bharata Natyam ist eine ganzheitliche Tanztechnik, in der alle Aspekte, Tanz, Schauspiel und Musik, gleichwertig behandelt werden und zusammen eine homogene Einheit bilden.

Seine Technik wurde über Jahrtausende als etwas besonders Kostbares gehütet, sorgfältig gepflegt und von jeder neuen Generation geläutert und verfeinert. In jeder neuen Formulierung seiner Technik wurden aber die bestehenden Grundelemente und Regeln beibehalten und als Basis verwendet. Denn Tadition wird in Indien als ein einmaliges und heiliges Prinzip betrachtet. So kamen, auf bestehendem Wissen und Können aufbauend, immer mehr Detailkenntnisse hinzu und formten allmählich das komplexe Tanzsystem, das wir heute Bharata Natyam nennen.

Das System des heutigen Bharata Natyam geht auf die großen Erneuerer dieser Tanzkunst, die vier Brüder Chinnaiha, Ponnaiha, Shivanandam und Vadivelu zurück, die gegen Ende des 18. Jahrhunderts Tanzmeister im Brihadeshwara-Tempel von Tanjore waren. Sie gaben den verschiedenen Prägungen des klassischen Tanzes eine allen zugrundeliegende Einheit, indem sie ein einheitliches Lehrsystem schufen und die unterschiedlichen Tanzformen und -themen in sechs Kategorien einteilten. Diese Gliederung der Tänze und die Systematisierung der Lehrmethodik wird heute noch als mustergültig befolgt.

Der Name *Bharata Natyam* ist nicht zufällig gewählt worden, sondern hat eine Bedeutung. Die Silben, aus denen sich das Wort *Bharata* zusammensetzt, sind die Anfangssilben für die wesentlichen Bestandteile dieses Tanzes:

Bha = *Bhava* (Ausdruck emotionaler Stimmung)
Ra = *Raga* (melodische Struktur)
Ta = *Tala* (Rhythmusmaß)
Natyam bedeutet Tanz und Schauspiel.

Es ist interessant und möglicherweise kein Zufall, daß auch der Begründer des Natyashastra Bharata heißt. Da aber Bharata auch der Name eines uralten indoarischen Geschlechts ist, könnte diese Namensgleichheit rein zufälliger Natur sein.

Der Bharata Natyam enthält eine komplette Sprache der Gestik, Zeichen und Symbole. Diese werden durch Bewegungen, bestimmte Posen und klar definierte Gesichtsausdrücke ergänzt, so daß sie als zusammenhängende Satzgebilde erscheinen und vom Betrachter verstanden werden können.

Doch nicht alle Gesten werden nur gebraucht, um sprachlichen Ausdruck zu vermitteln. Im nichterzählenden Tanz werden einige nur der Schönheit und ästhetischen Wirkung wegen verwendet.

Im Bharata Natyam unterscheidet man zwischen zwei Grundarten der Darstellung: *Nritta* (reiner, technischer Tanz) und *Nritya* (Ausdruckstanz).

Anstelle von Nritya ist auch die Bezeichnung *Abhinaya* üblich. Abhinaya umschreibt jedoch nur *den* Bereich des Tanzes, der sich mit Mimik und Gestik befaßt, wobei Nritya ein mehr allgemeiner Begriff ist und Sequenzen reinen Tanzes (Nritta) einschließt, sofern diese in einem erzählenden Tanzstück vorkommen. Diese drei Grundarten des Tanzes enthalten wiederum einen männlichen, robusten Aspekt, der *Tandava* genannt wird, und einen weiblichen, graziösen — *Lasya* oder *Sukumara*. Beide Aspekte der Darstellung kommen im Tanz mit Ausnahme von besonderen Charakterdarstellungen immer in einer ausgewogenen Synthese vor.

3. Nritta

Nritta ist die reine, nicht erzählende Tanzform. Sie ist eine Darstellung von dynamischer Ästhetik, wobei durch komplizierte rhythmische Fußarbeit schöne und grazile Bewegungen aller Glieder, des Kopfes und des Nackens entstehen. Im Nritta ist der Rhythmus (Tala) besonders ausgeprägt und verfeinert. Auch schnellste Schrittfolgen werden in genauer Übereinstimmung damit gehalten. Die Nritta-Kompositionen bestehen aus *Adavus*, *Jatis* und *Tirmanas*, den Grundeinheiten von Tanzbewegungen und Tanzschritten (siehe Seite 114 ff).

Nritta hat seinen Ursprung im kosmischen Tanz Shivas. Die Bewegungen sind natürlich und fließend, die Posen plastisch und fast skulpturell. Die Ausgangshaltung des Tänzers ist immer die symmetrische, in musterhaftem Gleichgewicht gehaltene *Samabhanga*-Haltung. Der Körper ist dabei aufrecht, gestreckt, mit leichtem Hohlkreuz, in der unerschütterlichen Haltung, die die völlige Beherrschung der Schwerkraft anzeigt. Die Samabhanga-Haltung wird zu Beginn jedes Tanzes eingenommen und wechselt anschließend in die *Ardha Mandali* oder Halbhocke, indem die vorherige Haltung des Oberkörpers beibehalten wird, die Knie angewinkelt und zusammen mit den Füßen nach außen gedreht werden, so daß Ferse an Ferse zu liegen kommt.

Die Ardha Mandali-Haltung ist sehr ästhetisch, verleiht dem Körper ein graziöses und anmutiges Aussehen und ist dazu außerordentlich gesund, denn sie bewirkt eine natürliche Haltung und einen ungehemmten freien Fluß von *Prana* (Lebenskraft). Die Haltung des Oberkörpers ist dabei die, die man im Yoga für *Pranayama* (Wechselatmung, Tiefenatmung) einnimmt und die einen reinigenden Einfluß auf das Nervensystem hat.

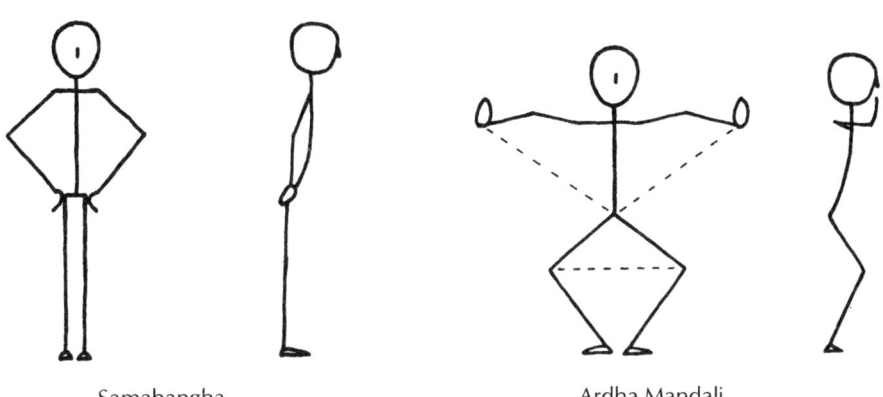

Samabangha   Ardha Mandali

Die Ardha Mandali-Haltung besitzt nicht nur ästhetische und therapeutische Bedeutung, sondern befähigt den Tänzer zudem, jede beliebige Position aus dem Stand heraus einzunehmen, das heißt seine Haltung zu ändern, ohne vorher das Körpergewicht verlagern zu müssen oder zusätzliche Bewegungsschritte einzuflechten. Dadurch würden der Fluß des Tanzes gestört und das Einhalten des Rhythmus erschwert. Die Ardha Mandali ist also eine Art Bereitschaftshaltung, aus welcher heraus erst ein harmonischer Bewegungsfluß möglich ist. Eine ähnliche Haltung wird beispielsweise bei japanischen Sportarten eingenommen und dient dort demselben Zweck.

Obwohl Nritta kein Ausdruckstanz ist, überträgt er trotzdem eine Stimmung beziehungsweise ein Grundgefühl. Seine Bewegungen voll von Energie und Ästhetik vermitteln dem Betrachter ein Gefühl der Erhabenheit und der Freude. Dies offenbart den wahrlich königlichen Wert des Nritta im klassischen indischen Tanz.

Die Körperglieder im Nritta

Im Bharata Natyam werden die Glieder des Körpers in ihren Stellungen und Bewegungen einzeln behandelt, danach in Beziehung zu allen anderen gebracht und so als ein einheitliches Ganzes betrachtet. Darum wird das Studium des Bharata Natyam in zwei thematische Teile getrennt. Als erstes werden die Körperglieder behandelt, da diese vom Knochenbau und nicht von der Muskelbildung abhängig sind. Das Natyashastra unterscheidet unter dem Gesichtspunkt der verschiedenen Bewegungsmöglichkeiten die Körperglieder in Haupt- und Nebenglieder.

Die *Hauptglieder* (*Anga*) sind: Kopf, Hände (Arme), Brust, Seiten, Hüfte und Füße (Beine).

Die *Nebenglieder* (*Upanga*) sind: Augen, Augenbrauen, Nase, Lippen, Kinn, Mund.

Obwohl Bharata im Natyashastra Hände und Füße und nicht Arme und Beine als Hauptglieder bezeichnet und beispielsweise Nacken und Bauch, Schenkel und Knie nicht einzeln erwähnt, spielen diese natürlich ebenfalls eine wichtige Rolle.

Da mit jeder Kopfstellung auch gleichzeitig eine bestimmte Haltung des Nackens entsteht und mit jeder Handbewegung automatisch eine bestimmte Armposition eingenommen wird, hat Bharata möglicherweise eine separate Beschreibung der Bewegungen und Haltungen dieser Gliedmaßen als nicht nötig erachtet.

Die Bewegungseinheiten

Als zweites werden verschiedene Kombinationen von Bewegungen behandelt, da diese mit der Muskelausbildung und ihrer Beherrschung zu tun haben. Solche Kombinationen ergeben dann Grundbewegungseinheiten mit entsprechenden vorgeschriebenen Handgesten (*Hasta Mudra*), den hierzu korrespondierenden Fußbewegungen, dem Gang (*Cari*) und natürlich der dafür notwendigen harmonischen Körperhaltung (*Sthanaka*). Eine solche Einheit des Tanzes wird von Bharata als *Karana* bezeichnet.

Dreiundzwandzigste Karana: *Anaita*

4. Die Karanas

Die Karanas sind die grundlegenden Tanzposen beziehungsweise Tanzhaltungen. Auf ihnen basiert die gesamte klassische Tanztechnik. Nach dem Natyashastra gibt es insgesamt 108 Karanas. Davon sind einige jedoch so schwierig, daß sie von einem gewöhnlichen Menschen nicht ausgeführt werden können. Diese 108 Karanas sind an mehreren Tempeln Südindiens in Reliefs gehauen abgebildet. Der berühmteste dieser Tempel ist der Shiva Nataraja-Tempel in Chidambaram.

Sechzigste Karana: *Dolapada*

Da es nicht möglich ist, eine Bewegung oder eine Kombination von Bewegungen bildlich und figürlich festzuhalten, wird die Bewegungseinheit des Karana am Punkt ihrer höchsten Aussage dargestellt. Tatsächlich ist ein Karana aber ein Bewegungsfluß oder eine Bewegungssequenz, denn um in die Haltung des dargestellten Karana zu gelangen, ist ja bereits Bewegung notwendig.

Ein Karana ist zunächst eine Kombination von Bewegungen verschiedener Glieder, die noch nicht getanzt werden kann. Eine Gruppe von sechs bis neun Karanas ergibt ein *Anghara*, ein Bewegungssegment, das erst einen

Einundsechzigste Karana: *Vivritta*

Sechsundsechzigste Karana: *Atikranta*

113

harmonischen Bewegungsablauf ermöglicht. Es gibt insgesamt 32 Angharas, die es erlauben, die komplexesten Variationen und Kombinationen von Bewegungsabläufen zu gestalten. Nicht alle Karanas und Angharas sind tänzerisch anwendbar, auch wenn sie theoretisch dargestellt wurden. Häufig sind sie zu schwierig, um von der durchschnittlichen Konstitution des menschlichen Körpers bewältig werden zu können. Deshalb wurden praktikable Formen der Karana-Darstellungen und der Anghara-Bewegungsabläufe herausgearbeitet, die in der Folge die Basis für den Bharata Natyam bildeten.

5. Die Adavus

Auf der Basis der 108 Karanas und der 32 Angharas entstanden 14 bis 16 *Adavus* [1]. Diese Adavus bilden die Basis-Tanzeinheiten und werden vom Schüler einzeln und später in Kombinationen geübt. Sie sind die kleinsten praktizierten Tanzeinheiten. In den Adavus kommen verschiedene Körperstellungen zur Anwendung, wobei diese in Kombination mit den Bewegungen des Oberkörpers, der Hüfte, Arme, Hände, Beine und Füße sowie des Kopfes und Nackens geübt werden. Dies geschieht in Koordination mit einem rhythmischen Grundmetrum. So ergeben sich die charakteristischen indischen Tanzschrittmuster. Wichtige Elemente der Adavus sind Körperhaltung (*Sthanaka*) und Bewegung (*Cari*).

Für die korrekte Ausführung eines Adavu muß man folgende fünf Punkte beachten:

1. Korrekte Haltung der Glieder (*Angashuddha*)
2. Die richtige Handgeste (*Nritta Hasta* und *Padabedha*)
3. Das Einhalten des Rhythmus (*Talashudda*)
4. Energische kraftvolle Bewegungen (*Tandava*)
5. Anmutige graziöse Bewegungen (*Lasya*)

Alle Bewegungen im Bharata Natyam gehen aus der perfekten Balance (*Samabhanga*) hervor. Nach Ablauf der Bewegungen kehrt der Körper wieder in diese Ausgangshaltung zurück (siehe Abbildung Seite 109). Knie, Becken und Schultergelenke bilden die Schlüsselpunkte, von denen alle Bewegungen der Haupt- und Nebenglieder ausgehen. Der Nacken nimmt dabei eine Sonderstellung ein, da er für die Kopfbewegung zuständig ist.

Die Haupthaltung im Bharata Natyam ist die Ardha Mandali oder *Ayata*, die Halb-Hocke (siehe Pada Bhedas, Seite 178 und Abbildung Seite 117). In dieser Haltung wird der ganze Körper in Dreiecke aufgeteilt. Das erste Dreieck bildet sich unterhalb des gestreckten Arms von der Hand zur Schulter und zur Hüfte. Das zweite vom Becken zu den gespreizten Knien mit der Grundlinie von Knie zu Knie. Ein weiteres Dreieck wird durch die untere Hälfte der gespreizten Beine gebildet, wobei die Füße auswärts gedreht Ferse an Ferse liegen.

Mit wenigen Ausnahmen beginnen alle Bewegungen (Adavus) in dieser Ardha Mandali-Haltung. Durch die verschiedenen Bewegungen, bei denen der Tänzer springt, sich dreht (Pirouette) oder sich mit gestrecktem Fuß bewegt, bilden sich weitere Dreiecke.

Die Adavus sind die kleinsten praktizierten Tanzeinheiten. Mehrere Adavus in Kombination hintereinander gereiht ergeben ein *Adavujati*. Ein Adavujati oder ein *Jati* endet immer mit einem *Thirmanam*. Dies ist eine Schrittsequenz, die in sich steigerndem Tempo in einem Finale endet. Das Thirmanam ist wie der Punkt am Schluß eines Satzes. Ohne ein Thirmanam ist ein Jati nichtig. Jedes Thirmana wiederholt sich zweimal, das heißt, es kommt dreimal hintereinander in jeweils verdoppeltem Rhythmus vor. Eine solche Thirmanafolge wird *Thirmana Adavu* genannt. Aus den 15 Adavus können bis zu 120 Variationen gebildet werden. Aus diesen wiederum lassen sich unzählige Jatis bilden. Wieviele verschiedene Jatis komponiert werden können, hängt alleine von den schöpferischen Fähigkeiten des Komponisten ab. Um Jatis, die sich nicht nahtlos aneinanderreihen lassen, trotzdem verwenden zu können, erlernt die Tänzerin noch sogenannte Neben- und Verbindungsschritte.

Zu jeder guten Tanzausbildung gehört das systematische Erlernen der Adavus, der Grundeinheiten, und ein ausdauerndes Üben derselben.
Durch das stete Üben der Adavus gewinnt die Tänzerin Kraft und Ausdauer, nicht indem sie entwickelt, sondern indem sie lernt, diese kontrolliert zu gebrauchen. Mit einem einfachen Training werden am Anfang Fersen, Knie und Hüften gestärkt. Dadurch erhält der Körper mehr Elastizität und Beweglichkeit.

Alle Tanz-Übungen erfolgen in den drei Tempi *Vilambita*, *Madhya* und *Druta*, langsam, mittel und schnell. Das Nächstfolgende ist jeweils doppelt so schnell wie das Vorhergehende. In jedem Tempo ist eine absolute Präzision der Schritte notwendig. Schnelle Fußarbeit, Körperbeherrschung und höchste Koordination von Füßen, Armen, Handgesten und Kopfbewegungen wird gefordert und muß natürlich erst langsam erlernt werden.

Lehrer oder Lehrerin rezitieren als Rhythmusstütze eine Anzahl von Silben, *Sollu Kuttu* genannt, die auch während einer Tanzvorführung vom Sänger gesprochen beziehungsweise gesungen werden. Die Sollu Kuttu sind dem Ton der Trommel (*Mridangam*) ähnlich, werden teilweise in schneller Folge rezitiert und lauten beispielsweise

Tai − ha − tai − hi
Dhi − dhi − tai
Ta − tai − ta − ha
Ta − din − gi − na − tom
Ki − ti − ta − ka.

Da die Sollu Kuttu nicht willkürlich, sondern für jeden Adavu typisch sind, erkennt eine Tänzerin schon an der Wahl der Sollu Kuttus die Schrittfolgen. So sind die Sollu Kuttu eine zusätzliche Stütze für die Tänzerin.

Um den Takt zu schlagen, gebraucht der Lehrer einen etwa 20 cm langen Holzstock, der auf ein Holzbrett geschlagen wird und die Zimbeln vertritt, die vom Sänger bei Konzerten benutzt werden. Dieser Holzstock ist auch ein Autoritätssymbol, das dem angehenden Lehrer von seinem Guru überreicht wird.

Im folgenden werden wir speziell auf die 14 Adavus eingehen. Es wird hier nicht bezweckt, eine Anleitung zur Ausführung der einzelnen Adavus zu geben, denn dies wäre wohl kaum möglich. Dafür ist ein erfahrener Lehrer aufzusuchen. Gerade hier sind exakte Unterweisungen nötig. Diese können von noch so guten schriftlichen Erläuterungen nie ersetzt werden. Die folgenden Darlegungen sollen das Verständnis für diese Tanzkunst fördern und können für diejenigen, die bereits mit dem Tanzstudium begonnen haben, eine Bereicherung und Gedankenstütze sein.

Jeder Adavu baut auf dem vorhergehenden auf. Deshalb ist das vollständige und richtige Erlernen aller 14 Adavus außerordentlich wichtig.

5.1. Tatta Adavu

Tatta bedeutet *schlagen* im Sinne von mit den Füßen fest auf dem Boden auftreten. In diesem Adavu werden die Grundtaktschritte geübt und die Grundposition des Körpers (Ardha Mandali) gefestigt. Die Füße werden in Übereinstimmung mit den Sollu Kuttu der Lehrerin abwechselnd gehoben, und danach wird fest und flach wieder aufgetreten.

Der Tatta-Adavu wird in acht Variationen und je drei Tempi geübt. Die Hände sind in der *Pataka-Hasta Mudra*.

5.2 Nattu Adavu

Nattu bedeutet *strecken*. In diesem Adavu kommen verschiedene Tanzhaltungen und Bein- beziehungsweise Fuß-Positionen (beispielsweise Spreizschritte) zur Anwendung. Vom Nattu Adavu gibt es sechs Variationen.

Um anhand eines Beispiels zu verdeutlichen, wie Tanzbewegungen und Schritte mit den Sollu Kuttu koordiniert werden, werden wir hier die sechste Variation dieses Adavu eingehend behandeln. Die Silben (Sollu Kuttu) der sechsten Variation des Nattadavu sind:

Tai-yum — ta-ta
Tai-yum — ta-ha

Wir haben hier acht Schläge beziehungsweise Schritte. Bei jedem Aufsetzen eines Fußes erfolgt ein Tanz- oder Taktschritt.

Die Ausgangsposition ist Ardha Mandali mit nach außen gedrehten Fußspitzen.

Die Hände werden in *Katakamukha-Hasta Mudra* vor die Brust gehalten und die Arme horizontal angewinkelt (siehe Abbildung Seite 118).

Mit *Tai* wird der rechte Fuß gehoben und auf der Schulterlinie rechts außen mit der Ferse aufgesetzt. Gleichzeitig werden die Arme geöffnet und gestreckt und der Körper nach rechts gebeugt. Linker und rechter Arm bilden eine Gerade im rechten Winkel zum Oberkörper, wobei die rechte Hand zum ausgestreckten Fuß weist und beide Hände *Alapadma-Hasta Mudra* annehmen (siehe Abbildung Seite 118).

Mit *yum* wird der linke Fuß gehoben und am selben Platz fest aufgesetzt (aufgeschlagen). Dies ist ein klassischer Bharata Natyam-Tanzschritt, wie er im ersten Adavu, dem Tattadavu, geübt wird. Für jede Haltung werden zwei Schritte benötigt. Der erste Schritt führt in die Haltung. Ist diese erreicht,

erfolgt ein reiner Tanz- oder Taktschritt des anderen Fußes. Dadurch werden die spezifischen Posen des Körpers betont.

Danach wird der ganze Körper auf dem linken Fuß um 180 Grad nach links gedreht, wobei der rechte Fuß ebenfalls auf seinem Platz verbleibt und mit dem Fußballen den Boden berührt. Die diagonale Gerade, die zuvor von den Armen gebildet wurde, wird an derselben Stelle beibehalten, während auch die Arme gedreht werden. Das Gesicht der Tänzerin schaut nun, anstatt in Richtung zum rechten Fuß, hoch zur linken Hand. Die Hände nehmen *Katakamukha-Hasta Mudra* ein (Abbildung Seite 119).

118

Mit *ta* erfolgt ein Taktschritt des rechten Fußes, indem die Tänzerin das
Hauptgewicht auf das linke Bein verlagert und mit dem Knie desselben einen
rechten Winkel bildet. Dadurch entsteht eine Halbspagat-Position der Beine.
Diese Haltung zeigt äußerste Dynamik und erfordert ein hohes Können.
(Abbildung Seite 120). Wenn sich die Tänzerin erhebt und das Körpergewicht
kurz auf das hintere rechte Bein verlagert, führt sie mit dem linken Fuß einen
Taktschritt auf die Silbe *ta* aus.

Mit dem nächsten *Tai* wird der Körper um 90 Grad nach vorne zurück in
die Ausgangshaltung gedreht, und der rechte Fuß mit einem Schritt nach

vorne auf die Ferse gesetzt. Gleichzeitig werden die Hände an die Brust gezogen und in *Alapadma-Hasta Mudra* hinunter zum rechten Fuß gestreckt, indem der Oberkörper nach vorn gebeugt wird. (Abbildung Seite 121). Mit der Silbe *yum* macht der linke Fuß einen Taktschritt, und der Oberkörper und der rechte Fuß werden mit *ta* in die Ausgangshaltung mit *Katakamukha-Hasta Mudra* zurückgebracht. Dann erfolgt auf *ha* der letzte Taktschritt dieser Adavu-Sequenz, mit dem linken Fuß in Ardha Mandali-Position. Dasselbe wiederholt sich nun auf der anderen Seite, indem mit dem linken Fuß begonnen wird. Dann ist diese Adavu-Variation vollständig.

120

5.3. *Pakka Adavu*

Pakka bedeutet *Seiten*. In diesem Adavu liegt die Betonung auf seitlichen und diagonalen Hand- und Fußbewegungen.

Die Hasta Mudras sind *Tripataka, Alapadma, Katakamukha* und *Shikara*. Von diesem Adavu gibt es drei Variationen.

5.4 Etta Adavu

Seine Bedeutung ist *mit der Hand hinführen* oder *zeigen*. Das Charakteristische dieses Adavu liegt in ausgeprägten linearen Handbewegungen vom Körper weg. Vom Studenten erfordert er höchste Konzentration, und eine ungewohnte Fähigkeit zur Koordination aller Details der gleichzeitig erfolgenden Bewegungsabläufe. Dieser Adavu wird nur in einer Variation geübt, obwohl er im Tanz in vielen Variationen vorkommt.

Die Hasta Mudras sind *Alapadma* und *Katakamukha*.

5.5 Kuddichu Mettu Adavu

Dies bedeutet wörtlich *hüpfen* und *schlagen*. Auf den Fußballen hüpfend, setzen (schlagen) die Fersen rhythmisch auf dem Boden auf. Dabei werden besonders Armbewegungen in die verschiedensten Richtungen mit wechselnden Handgesten ausgeführt.

Die Hasta Mudras sind *Alapadma* und *Katakamukha*.

Dieser Adavu hat fünf Variationen mit gleichbleibenden Schritten.

5.6. Sarikal Adavu

Sarikal bedeutet *gleiten*. Dieser Adavu ist charakteristisch für seine gleitenden Fußbewegungen (Gleitschritte).

Die Hasta Mudras sind *Pataka, Alapadma, Katakamukha* und *Hamsapaksha*. Von diesem Adavu gibt es drei Variationen.

5.7 Thirmana Adavu

Thirmana bedeutet *abschließen, beenden*. Dieser Adavu spielt eine besondere Rolle im Nritta, da er den Abschluß jedes Jatis bildet. Er kommt in der Regel dreimal hintereinander in gesteigertem Tempo vor. Wegen seiner hohen Geschwindigkeit und der komplizierten Rhythmusfolge bildet er ein sehr dramatisches Ende am Schluß jeder Tanzsequenz. Neben den schnellen Fußbewegungen beschreiben die Hände lineare Bewegungen in verschiedenste Richtungen und am Schluß immer von hinten schräg oben in einer seitlichen Diagonale nach vorne unten. Die Thirmanas können verschieden gestaltet und kombiniert sein. Je mehr Erfahrung eine Tänzerin besitzt, desto kompliziertere Thirmanas nimmt sie in der Regel in ihr Repertoire auf.

Die Hasta Mudras sind *Tripataka, Kartarimukha* und *Alapadma*.

5.8. Veesi Adavu

Veesi bedeutet *werfend*. In diesem Adavu kommen charakteristische schwunghafte (an Werfen erinnernde) Bewegungen von Händen und Füßen mit halbrunden (zirkularen) Mustern vor.
Die Hasta Mudra ist *Pathaka*.

5.9. Tattu Mettu Adavu

Der Name dieses Adavu bedeutet *mit dem Fuß auf den Boden schlagen*. Er ist sehr bedeutend vor allem für den Ausdruckstanz und beinhaltet nur Fußarbeit. Er kommt in den fünf, im Tanz wichtigen Talas (Rhythmusmaßen, Takteinheiten) zur Ausübung. Diese sind:

Tishra (Dreier-Takt)
Chaturasra (Vierer-Takt)
Khanda (Fünfer-Takt)
Misra (Siebener-Takt)
Sankeerna (Neuner-Takt)

Die Hasta Mudras sind *Kappitta* und *Dola*.

5.10. Mandi Adavu

Mandi bedeutet *Knie*. In diesem Adavu wird der Körper auf den Fersen sitzend und auf den Fußballen stehend abwechselnd zur Seite geneigt, bis das Knie den Boden berührt. Er ist eine wichtige Gleichgewichtsübung für den Tanzstudenten.
Die Hasta Mudra ist *Tripataka*.

5.11. Shutru Adavu

Dieser Adavu wird auch *Bhrama Adavu* genannt. *Shutru* bedeutet *sich drehen*. Seine besonderen Charakteristika sind Drehbewegungen des Körpers bis zur einfachen Pirouette.
Die Hasta Mudras sind *Kartarimukha* und *Shikara*.

5.12. Katta Adavu

Katta bedeutet *anlegen* im Sinne von die Hände an den Körper legen. Seine Besonderheiten sind diagonale Sitzpositionen und Halbdrehungen des Körpers bei wechselseitigem Anlegen und Strecken der Arme.
Die Hasta Mudra ist *Kartarimukha*.

5.13. Shimir Adavu

Dieser Adavu bedeutet *öffnen* oder *öffnend*. Die charakteristischen Merkmale dieses Adavu zeigen sich in dynamischen Arm- und Fußbewegungen nach außen, die mit dem Öffnen der Glieder umschrieben werden.
Die Hasta Mudras sind *Tripataka* und *Shikara*.

5.14. Mai Adavu

Mai heißt *Körper*. In diesem Adavu kommen besonders Drehungen des Körpers aus der Hüfte heraus in verschiedenster Weise vor. Er ist deshalb sehr anspruchsvoll und setzt eine große Flexibilität des Körpers voraus. Bis jetzt lag die Betonung der verschiedenen Adavus auf einzelnen Gliedern, die oft unabhängig voneinander beansprucht werden. In diesem Adavu aber liegt die Betonung auf dem Körper als ganzem.
Die Hasta Mudras sind *Pataka* und *Tripataka*.

5.15. Perya Adavu

Perya bedeutet *in die Höhe*. In diesem Adavu kommen die charakteristischen Sprünge vor, die kennzeichnend für den *Tillana* (siehe Arangetram, Seite 222) sind. Nach einem Sprung in die Höhe folgen schnelle, fließende, diagonale Schrittbewegungen quer über die ganze Bühne. Die Hasta Mudras sind *Alapadma* und *Katakamukha*.

6. Nritya und Abhinaya

Wir haben bereits früher erwähnt, daß Nritya der Tanz mit erzählendem Charakter ist. Meistens kommen aber in solchen Tänzen auch Sequenzen von Nritta, von reiner Tanztechnik vor. Um deshalb den Ausdruckstanz als solchen separat benennen und kennzeichen zu können, wird dieser als Abhinaya bezeichnet. Abhinaya ist Tanz, der sich ausschließlich mit Mimik und Gestik als erzählerischem Ausdrucksmittel beschäftigt.

Der Abhinaya gehört zu den Tanzformen, die als erste schriftlich erwähnt werden. Bereits im *Rigveda* wird diese Tanzform in der Bezeichnung Natya (Tanz und Schauspiel) angedeutet. Panini wiederum gibt in seinen Hinweisen auf die *Natya Sutras* zu verstehen, daß bereits in diesen die Basisregeln für die Schauspielkunst niedergelegt waren. Diese behielten ihre Gültigkeit bis zur Entstehung des Natyashastra, und es muß angenommen werden, daß sie wiederum als autoritative Grundlage in den Regeln des Natyashastra verankert wurden. Bharata systematisierte also, ausgehend von den bereits vorhandenen Regeln der Nata Sutras und weiterer Schriftwerke, den Tanz und das Schauspiel. Aber wie kam es überhaupt zu einer solchen Systematisierung?

Als Urform kann sicher der Tanz als Ausdruck von Freude angenommen werden. Die Tanzbewegungen wurden durch Begleitmusik untermalt, und Lieder wurden dazu gesungen. Der Thematik dieser Lieder wurde mit einfachen Gesten mehr Aussage verschafft. Diese Tanzgesten und Bewegungen waren möglichst natürliche Imitationen von Bewegungen aus dem alltäglichen Leben.

Je anspruchsvoller die Thematik des Tanzes wurde und je komplizierter seine Aussage war, desto zahlreicher und auch abstrakter wurden zwangsläufig die Handgesten und Tanzbewegungen. So begann man sogar, psychische Zustände (Gemütsverfassungen) durch Gestik zu interpretieren. Wo am Anfang vielleicht spektakuläre und interessante Ereignisse des Lebens die Hauptthemen im Tanz bildeten, begann man allmählich, poetische Liebesgeschichten und religiöse Erzählungen zu interpretieren. Kostüme wurden benötigt, um die verschiedenen Charaktere optisch unterscheiden und effektvoll darstellen zu können. Die Tänzerin sang während ihres Tanzes das Lied, die Musik untermalte die gesamte Handlung und gab ihr mit Takt und Rhythmus den nötigen Fluß. So entstand allmählich das Tanz-Schauspiel in Indien.

Laut Natyashastra gehörten zu den ersten Themen, die mimisch dargestellt wurden, die epischen Kämpfe der Götter gegen die Dämonen. Danach folgten romantische Liebesgeschichten. Auch akrobatische Tanzvorstellungen und Clownerien in Tanzform waren üblich.

So entstand allmählich die Form der Körpergestik (*Angika Abhinaya*, von *Angika* = Körper) im klassischen indischen Tanz. Besonders seit dem Erscheinen des *Abhinayadarpana* von Nandikeshwara um ca. 400 nach Christus wird Mimen- und Gestensprache als *Abhinaya* bezeichnet und anstelle von *Nritya* des Natyashastra bevorzugt verwendet.

Das Wort *Abhinaya* kommt von *Abhi-ni*, was soviel wie *hinführen* heißt. Damit wird angedeutet, daß der Darsteller den Zuschauer zu etwas hinführt, ihm etwas offenbart, veranschaulicht oder vergegenwärtigt. Es heißt aber auch, daß er den Zuschauer hinführt zu neuen Empfindungen und Emotionen.

Bereits das Natyashastra enthält eine vollständige Theorie der Theaterkunst mit genauen Beschreibungen der zugehörenden künstlerischen Mittel und einem ausführlichen Anwendungskodex. Schon dort wird zwischen zweierlei Arten (*Dharmis*) der theatralischen Darstellung unterschieden, zwischen *Lokadharmi* und *Natyadharmi*. Lokadharmi kommt von *Loka* (Welt) und entspricht dem wirklichkeitsgetreuen Schauspiel mit Erzählungen aus dem täglichen Leben, so wie es heute in Spielfilmen üblich ist.

Die Natyadharmi-Darstellungsform ist dadurch gekennzeichnet, daß theatralische Kunstmittel bewußt eingesetzt werden. Mit dekorativen Bewegungen, Haltungen und Gesten des Körpers sowie durch musikalische Untermalung wird den *Bhavas* (Gefühlen) (siehe Seite 127 ff.) zusätzliche Wirkung verliehen. Die Natyadharmi-Darbietung verlangt zudem, daß himmlische Gestalten dargestellt werden. Weiter erwähnt das Natyashastra, daß sowohl die Bewegungen auf der Bühne als auch Auftritt und Abgang von derselben mit lieblichen Körperhaltungen und dekorativen Schritten umrahmt werden sollten. Schließlich empfiehlt Bharata für Theateraufführungen immer die Natyadharmi-Darstellungsform zu verwenden.

Diese beiden Darstellungsarten werden als äußerliche (*Bahyanatya*) und innerliche (*Abhyanatara*) beschrieben. Die äußerliche Form ist gekennzeichnet durch Handlungen und Bewegungen ohne feste Regeln, wobei sich der Körper aus eigenem Willen zu bewegen scheint. – Hier wird die Form des heute üblichen freien Ausdruckstanzes angedeutet. – Weiter heißt es, daß diese Form als «äußerlich» bezeichnet wird, weil sie nicht durch niedergeschriebene Wissenschaft (*Shastra*) reguliert sei und nicht durch die Regeln einer traditionellen Lehrweise von einem Lehrer unterrichtet werde.

Die innere Weise der Darstellung ist demgegenüber gekennzeichnet durch Mäßigung und Disziplin. Die Bewegungen sind anmutig und weich, wobei die Gliedmaßen durch Metren und Rhythmus im Gleichmaß bewegt und Übermäßigkeit, Roheit und Hast im Bewegungsablauf vermieden werden. Zudem wird darauf hingewiesen, daß Zielstrebigkeit, Ausdauer und Perfektion sowie Beherrschtheit und Hingabe sowohl für ein Tanz- als auch für ein Musikstudium unerläßlich seien.

7. Bhava und Rasa — die klassische Schauspieltheorie Indiens

Die Krönung der indischen Schauspieltechnik ist zweifelsohne die Theorie von *Bhava* und *Rasa*. Diese ist beispiellos in der Welt der Theater- und Schauspielkunst.

Es ist leider nicht möglich, die Begriffe *Bhava* und *Rasa* genau ins Deutsche zu übersetzen. Daher müssen sie umschrieben werden. *Bhava* ist die *Stimmung* beziehungsweise die *Gefühlsregung*, die von der Tänzerin dargestellt und ausgedrückt wird. Rasa heißt *Geschmack* und bezieht sich auf die Erfahrung des Zuschauers. Er nimmt mit seinen Sinnen die dargestellten Bhavas auf und erfährt in sich eine entsprechende Gefühlsregung. Diese wird *Rasa* genannt und als eigentliche Erfahrung der Kunst bezeichnet.

Das Leben der Menschen ist täglich umrahmt von den verschiedensten Emotionen, von Gefühlen und Empfindungen. Je nach Situation, Zeit, Umgebung und persönlichen Kontakten erleben wir verschiedene solcher Emotionen oder Gefühlsbewegungen. Diese werden in der darstellenden Kunst Indiens als *Rasa* bezeichnet. Rasa ist also mit anderen Worten das persönliche Erlebnis jener Emotion, die vom darstellenden Künstler übertragen wird und mit der sich der Zuschauer beziehungsweise Zuhörer identifiziert.

Bhava ist die mimische Darstellung dieser Emotionen durch den Künstler und wird durch die Körpergestik (Gesicht, Hände, Haltung) von ihm geformt. Bhava ist also das Kommunikationsmittel, durch das der Zuschauer, unterstützt von Musik, Gesang und Tanz, »in die Szene transportiert« wird. Dadurch wird dem Zuschauer ermöglicht, die Gegenwart zu transzendieren und sich vollends in den dargestellten Charakter hineinzuleben, dessen Stimmung und Gefühle wirklich mitzuerleben.

Im Gegensatz zur westlichen Schauspieltechnik, bei der der Darsteller versucht, sich vollkommen in den Charakter hineinzuleben und sich mit der Person der Darstellung zu identifizieren, versucht der indische Tanzschauspieler, innerlich möglichst neutral, das heißt unberührt zu bleiben. Dadurch wird er von der thematischen Handlung nicht absorbiert und ist fähig, innerhalb kürzester Zeit Szene, Stimmung und Ausdruck (Bhava) zu wechseln. Der indische Künstler betrachtet seinen Körper nur als ein Instrument und Mittel, um die notwendigen Emotionen und Stimmungen zu übermitteln.

In der indischen Tanzliteratur (Natyashastra und Abhinaya Darpana) wird die Darstellung eines Tänzers und Schauspielers als *Patra* (Gefäß) bezeichnet. Wo im Westen der Darsteller als Inhaber einer Rolle bezeichnet wird, in die er hineinschlüpft, wird diese in Indien analog dazu als Gefäß (Patra) bezeichnet, wodurch die unberührte, übermittelnde Funktion des Künstlers zum Ausdruck kommt.

Genauso wie ein Gefäß das darin enthaltene Getränk selbst nicht schmeckt, sondern nur der, dem davon ausgegossen wird, so sollte der indische Künstler von den eigenen Darstellungen der Emotionen unberührt bleiben. Nur der Betrachter sollte diese erleben (schmecken). Diese spontane Erfahrung des Betrachters bezeichnet man als Rasa (Geschmack).

Um den Tänzer zu ermöglichen, von der eigenen Darstellung der Gefühle unberührt zu bleiben, wurde ein System geschaffen, das genaue Anweisung zur Bildung jedes Bhavas beziehungsweise Rasas enthält. Jeder Rasa wird mit Hilfe der Gesichtszüge, Handgesten und Körperhaltungen hervorgerufen.

So werden beispielsweise zur Bildung des *Adbhuta Rasa* (Staunen, Bewunderung) folgende Haltungen und Bewegungen angewendet:

ebene Kopfhaltung (*Samashira*);
weit geöffnete Augen und flinkes Bewegen der Pupillen (*Alokita Dristhi*);
Anheben der Augenbrauen (*Uskshepa Bhrukuti*);
Lächeln der Lippen (*Visarga Adhara*);
Handgeste: *Alapadma Hasta Mudra* vor die Brust gehalten;
aufrechte Körperhaltung.

Bharata vergleicht im Natyashastra die Theorie der Gefühlsübertragung mit dem Vorgang der Nahrungsaufnahme. Nur ein Mensch, der befreit von Nebengedanken sich völlig auf die Handlung des Essens konzentriert, wird den vollendeten Geschmack der Nahrung genießen können. Er ist fähig, das ganze Spektrum der Geschmacksnuancen der Speisen, die sich aus den verschiedenen Lebensmitteln, Gewürzen und Zutaten ergeben, zu erfahren. Hier wird deutlich, daß die Haltung und Bereitschaft des Kunstgenießers ebenso wichtig ist wie die Fähigkeit des Künstlers bei seiner Darstellung.

Eine Regel des Abhinaya besagt, daß ein Bhava nur zum Ausdruck gebracht werden kann, wenn die Augen der Tänzerin der Gestik ihrer Hände folgen. Im *Abhinaya Darpana* wird dies folgendermaßen ausgedrückt:

»Wohin die Hände gehen, dahin folgen die Augen; wohin die Augen gehen, dahin folgt der Geist; dort, wo der Geist ist, sind die Gedanken, und wo die Gedanken sind, entsteht das Gefühl.«

Es ist zudem äußerst interessant, daß die Bhava-Rasa-Theorie der indischen Tanzkunst, die vom Künstler eine innere Losgelöstheit von der Handlung der Darstellung verlangt, identisch ist mit der Erfahrung eines Menschen, der den Zustand der Selbstverwirklichung (Erleuchtung) erlangt hat.

Die Darstellung jedes spezifischen Bhavas unterliegt ganz bestimmten Gesetzmäßigkeiten. Zur Bildung eines Bhavas müssen fünf Bereiche berücksichtigt werden: Sthayibhava, Vibhava, Anubhava, Sancharibhava und Sattvikabhava.

Sthayibhava kennzeichnet die unausgedrückten, latenten Bhavas innerhalb der Persönlichkeit eines Künstlers, die erst durch die Notwendigkeit der Darstellung erweckt oder hervorgebracht werden. Sthayibhava besitzt seine Grundlage in der allgemeinen Fähigkeit des Künstlers, Emotionen zu empfinden.

Vibhava werden die Einflüsse genannt, die aus der Umgebung und den Umständen, die sich der Künstler in Gedanken vorstellt, auf die Darstellung seines Bhava wirken. Dadurch, daß er sich beispielsweise die stimmungsvolle Umgebung, den Vollmond, das Wasser des Flusses und dergleichen bei der Darstellung eines Krishna-Themas vorstellt, wird der ausgedrückte Bhava wesentlich geformt. Dieser Einfluß heißt Vibhava. Vibhava erfordert ein großes Einfühlungsvermögen in die Situation und Umgebung der Handlung des Tanzes. Zudem ist ein Feingefühl für zwischenmenschliche Beziehungen und ein gewisses (romantisches) Empfinden für die Natur notwendig.

Sowohl Sthayibhava als auch Vibhava sind rein geistiger Natur und helfen die äußere konkrete Darstellung der Bhavas zu formen.

Anubhava beinhaltet die technische Seite der Darstellung und bezieht sich auf die mimischen und gestischen Gesetzmäßigkeiten der Bhava-Produktion. Also werden die durch Mimik und Gesten geformten Gefühle Anubhava genannt. Anubhava erfordert technische Fertigkeit und die Fähigkeit, innere Empfindungen in entsprechenden Gesichtsausdrücken, Gesten und Haltungen des Körpers wiederzugeben.

Sancharibhava ist die Summe der vorhergehenden Bhavabereiche. Es ist das, was als Ergebnis durch das Ineinanderwirken von Sthayibhava, Vibhava und Anubhava von der Tänzerin ausgedrückt und vom Betrachter als Rasa wahrgenommen wird.

Sattvikabhava nimmt unter den fünf Bhavabereichen eine Sonderstellung ein. Sein Name kommt von *Sattva* (Reinheit). Damit ist die reine Form von Gefühlsausdruck gemeint, wie sie von jedem Menschen erlebt wird. Die Sattvikabhavas sind die archetypischen Gefühlsregungen, die überall auf der Welt gleich sind und sich bei allen Menschen in denselben psycho-physischen Zuständen äußern.

Bharata führt im Natyashastra acht Sattvikabhavas auf, nämlich: *Stambha* (Ohnmacht, Lähmung), *Sveda* (Schwitzen), *Romancha* (Entsetzen, Schockieren), *Svarabheda* (Veränderung der Sprache), *Vepatu* (Erzittern), *Vaivarnya* (Wechsel der Farbe — Erbleichen, Erröten), *Ashru* (Weinen), *Pralaya* (Bewußtseinsverlust).

Alle diese acht Bhavas äußern sich im Leben in einer spontanen Körpersprache. Sie stellen die Extreme der menschlichen Gefühlsregungen dar und kommen als solche im Tanz nicht zur Anwendung. Die Sattvikabhavas bilden aber die eigentlichen Vorlagen für die Produktion, das heißt die gestische und mimische Darstellung der Bhavas (Anubhava). So wird beispielsweise das Vepathu-Sattvikabhava (Erzittern) hervorgerufen durch: Kälte, Angst, Freude, Sorgen, Berührung und Alter.

Wenn er Angst ausdrücken möchte, hat der Darsteller unter anderem zu zittern. Die Sattvikabhavas liefern also die praktische Grundlage, um die Anubhavas zu formen.

Die Theorie der fünf Bhavabereiche hat zur feinsten Definition in der Welt der Schauspielkunst überhaupt geführt. Sie legt in eindrücklicher Weise den Mechanismus der künstlerischen Reproduktion im klassischen indischen Schauspiel dar. Neben der großen praktischen Bedeutung der Sattvikabhavas spielen darin die Sthayibhavas eine überaus wichtige, wenn auch nur theoretische Rolle.

Die Bedeutung von Sthayibhava ist *permanenter* oder *ständiger Bhava*.

Sthayibhava ist der emotionale Erfahrungswert, der sich in unserem Unterbewußtsein von Kindheit an angehäuft hat. Jede emotionelle Erfahrung im Leben formt und bereichert unser Sthayibhava. Dies ermöglicht uns erst, später jeden beliebigen Gemütszustand (sofern wir ihn einmal erlebt haben) in der Qualität der früheren Erfahrung wieder zu reproduzieren.

Man kann von einem reichen oder armen Sthayibhava sprechen. Ein reiches Sthayibhava wird durch viele verschiedene emotionelle Erfahrungen geformt, ein armes durch entsprechend weniger. Ein indischer Tanz- und Theaterkünstler sollte eine integrierte Persönlichkeit sein mit einem reichen und ausgeglichenen Sthayibhava, das heißt er sollte in seinem Leben die unterschiedlichsten Gemütsregungen wie Liebe, Trauer, Angst, Freude etc. durchgemacht haben. Nur dadurch wird er fähig sein, klare und akkurate Gesichtsausdrücke zu formen. Ein Mensch mit armem Sthayibhava wird nicht fähig sein, seinen Gesichtszügen Ausdruck zu verleihen. Seine Mimik wird fade und kühl erscheinen.

Die richtige Formung der Gesichtszüge entsprechend den Regeln der Kunst alleine genügt deshalb nicht. Erst ein reiches Sthayibhava, das heißt die Erfahrung des Künstlers zusammen mit der Fertigkeit in Mimik und Gestik, ergibt jene seltene und unvergleichliche Ausstrahlungskraft, die besonders den Interpreten des klassischen indischen Tanzes eigen ist.

Im Natyashastra werden neben den acht Sattvikabhavas auch 32 *Sancharibhavas* (auch *Vyabhicharibhava* oder flüchtige Bhavas genannt) und acht *Sthayibhavas* aufgeführt.

Von den insgesamt 32 Sancharibhavas wurden acht beziehungsweise neun Bhavas, die im klassischen Tanz besondere Bedeutung haben, ausgewählt. Die persönliche Erfahrung dieser Bhavas schlägt sich im Menschen wiederum als Sthayibhava nieder, und der dadurch entstandene Gemütszustand ist Rasa. Die sich daraus ergebenden neun Rasas bilden den eigentlichen Kern der indischen Schauspieltheorie.

Die neun Rasas

Bereits im Ramayana-Epos werden die klassischen neun Rasas, die heute im indischen Tanz gebräuchlich sind, aufgeführt. Diese werden dort anhand der Handlung des Epos umschrieben und verdeutlicht.

Jeder Rasa hat seinen Ursprung im entsprechenden Sthayibhava, dem persönlichen Erfahrungswert des Künstlers:

Rasa (Empfindung, Emotion)	Sthayibhava (innerer Erfahrungswert)
1. Liebe *(Shringara)*	— Vergnügen, Erotik *(Rati)*
2. Humor *(Hasya)*	— Freude *(Hasa)*
3. Mitgefühl *(Karuna)*	— Trauer, Erschütterung *(Shoka)*
4. Wut *(Raudra)*	— Grausamkeit *(Krodha)*
5. Kühnheit, Heldenmut *(Vira)*	— Enthusiasmus *(Utsaha)*
6. Angst *(Bhayanaka)*	— Schrecken *(Bhaya)*
7. Abneigung, Verachtung *(Bibhatsa)*	— Ekel, Abscheu *(Jugupsa)*
8. Verwunderung *(Adbhuta)*	— Staunen, Neugierde *(Vismaya)*
9. Seligkeit *(Shanta)*	— Seelenfrieden, inneres Glück *(Shama)*

Folgende detaillierte Gesichtsausdrücke und Gesten werden zur Herausbildung der neun Rasas benötigt:

Liebe: Kopfhaltung in *Adhomukha* (gesenkt), lächelndes Gesicht, Augenbrauen leicht zusammengezogen *(Kunchita)*, den Blick in *Pralokita* (sich zur Seite bewegend).

Humor: Andeuten von zurückhaltendem Lächeln, Lachen oder Gelächter, Bewegen der Lippen (Zurückziehen der Mundwinkel), der Nase und Wangen, weites Öffnen und Zusammenziehen der Augen, Hände in die Seiten gestützt. Gemäß Natyashastra gibt es in Hasya sechs Arten des Lachens: Lächeln, scherzhaftes Lächeln, Lachen, spöttisches Lachen, grundloses Lachen, unkontrolliertes Gelächter. Die Haltungen ändern sich entsprechend der Art des Lachens.

Mitgefühl: die Tränen andeuten mit *Hamsapaksha Hasta Mudra*, Zusammenzucken des Körpers, Anzeigen von einem Verlust der Sprache (Hand greift zum Hals) und Gliederschwäche, auf die Knie sinken, Zusammensinken einer Körperhälfte, Andeuten von Bewußtseinsverlust.

Wut: Ausdehnen der Nasenflügel, Anheben und Senken der Augenlider, beißen oder Zusammenpressen der Lippen, Zittern der Wangen und Augen.

Kühnheit, Heldenmut: aufrechte Körperhaltung, Anzeigen von Entschlossenheit, gerader Blick (Sama).

Angst: Zittern der Hände, Beine, Augen und des ganzen Körpers, Beben der Brust, Erbleichen des Gesichts, Öffnen der Lippen, abwehrende Handgeste, Sinken auf die Knie oder Rückwärtsgehen.

Abneigung, Verachtung: Zusammenziehen der Glieder (insbesondere Schultern), Senken der Mundwinkel, Andeuten von Spucken und Erbrechen, abweisende Handgeste, sich abwendender Blick.

Verwunderung: weit geöffnete Augen, flinkes Bewegen der Pupillen, Anheben der Augenbrauen, Lächeln der Lippen, Hände in *Alapadma Hasta Mudra* vor die Brust halten, leichtes seitliches Wippen des Kopfes (*Parivahita*).

Seligkeit: Blick gerade (Sama), Anzeigen von beherrschter Haltung (Yoga-Haltung, Meditationsstellung).

Die Darstellung im Bharata Natyam ist auf das Minimum reduziert und deshalb leicht abstrahiert, um wesentliche Eindrücke in relativ schneller Folge vermitteln zu können. Eine konventionelle lebensnahe Darstellung wird nicht angestrebt. Wichtig ist es, daß die Essenz des Tanzthemas vom Zuschauer erfaßt und empfunden wird. So werden im Bharata Natyam selbst Tränen nur mit Hilfe der Gestik gezeigt. Wirkliche Tränen sind nicht nötig. Das Pflücken der Blumen, die man anschließend dem Gott schenkt, das sich Schminken und Schmücken, all dies braucht nicht wirklich zu erfolgen, sondern wird durch Gestik dargestellt.

Die Gestensprache des Abhinaya ist so vollständig, daß sie eine komplette Sprache bildet. Es gibt kaum etwas, das nicht damit ausgedrückt werden kann, auch gibt es keine auch nur annähernd so vollständige Ausdruckstechnik im Westen. Jedes Detail wurde in Indien bis ins kleinste durchdacht, in seiner Wirkung erforscht und systematisiert.

Die schauspielerische Repräsentation im Bharata Natyam umfaßt alle menschlichen Aktivitäten, die physischen, verbalen und die mentalen, den sprachlichen Ausdruck und Denk- und Empfindungsprozesse. Um den sichtbaren Eindruck zu verstärken, benützt die Tänzerin schöne Kostüme und Schmuck und verwendet Schminke. Schminke erhöht beispielsweise die

Wirkung der Gesichtsausdrücke, insbesondere der vielsagenden Augen, und lassen diese ausdrucksstärker erscheinen.

Der Abhinaya besteht aus vier Elementen:

Angika (Körpergestik)
Der Körper wird in drei Hauptbereiche unterteilt:

Anga sind die Hauptglieder des Körpers (Kopf, Hände, Brust, Seiten, Hüften und Beine).

Pratyanga sind die Nebenglieder (Schulterblätter, Arme, Rücken, Bauch, Schenkel und Waden). Einige Experten des Bharata Natyam ordnen die Handgelenke, Ellbogen und Knie sowie den Nacken ebenfalls den Nebengliedern zu.

Upanga sind die Unterglieder, im wesentlichen jedoch die Gesichtszüge. Dazu gehören die Augen, Augenbrauen, Pupillen, Wangen, Nase, Kiefer (Kinnbacken), Lippen, Zähne, Zunge, Kinn. Zu den Upanga werden aber auch Fersen, Fußgelenke (Knöchel), Zehen, Fußflächen, Finger und Handflächen gezählt.

Natürlich werden nie einzelne Glieder ohne Inbezugnahme weiterer Glieder oder Nebenglieder bewegt. Bewegen wir auch nur die Augen, so bewegen sich neben den Pupillen die Augenbrauen und vielleicht die Wangen, Nase oder der ganze Kopf. Bewegen wir ein Bein, so bewegen sich natürlich auch Schenkel, Wade, Fuß, Ferse. Also sollte man die Regeln für Anga, Pratyanga und Upanga genau befolgen und studieren, um diese im Tanz praktisch anwenden zu können.

Vacika (Sprache, Gesang)
Vacika ist die Sprache, die Essenz von Poesie und Drama. Erst durch Sprache und Gesang kann überhaupt die Thematik im Abhinaya gebildet und im Detail wiedergegeben werden. Der Gesang — und mit ihm die Musik — ist deshalb ein wesentlicher Bestandteil des Bharata Natyam. Genauso wie durch die mimische Darstellung des Tänzers eine Stimmung (Rasa) übertragen wird, erfolgt dies auch durch den Gesang mittels des Ragas (Melodie) und der Sprache (Bedeutung).

Der Gesang sollte, ohne überbetont oder zu schwach zu sein, die Stimmung der Thematik auf harmonische Weise wiedergeben und die Ausdrücke und Gestik des Tänzers untermalen. Der gesangliche Gehalt hat völlig mit der gestischen Darstellung des Tänzers übereinzustimmen, indem jedes Wort die Bedeutung der Gestik wiedergibt. Die klangliche Stimmung, die

Thematik des Liedes und die Gestik und Mimik des Tänzers sollten als ein harmonisches Ganzes wirken.

Vacika hat heute für den Tänzer kaum Bedeutung, da der Gesang von einem Sänger ausgeführt wird und nicht mehr, wie in alter Zeit, vom Tänzer selbst.

Aharya (Erscheinung, Aussehen)
Aharya ist die äußere Erscheinung eines Tänzers. Bharata sagt im Natyashastra, daß sich ein Tänzer entsprechend seinem Geschlecht, der Thematik des zur Aufführung gelangenden Tanzes und seines erforderlichen Charakters kleiden (kostümieren), schminken und schmücken sollte.

Die Kostüme und der Schmuck sollten leicht sein und freie Bewegung erlauben. Im weiteren gibt er detailliert wieder, welche Kleidung und welcher Schmuck von welchen Charakteren zu tragen seien. Dies ist für den Bharata Natyam jedoch von geringer Bedeutung, da dieselben traditionellen Kostüme ohne wesentliche Unterschiede für fast alle Charaktere verwendet werden.

Sattvika (Art der Ausführung)
Sattvika gibt die Regeln wieder, die für eine reine und klare Wiedergabe des Tanzthemas und für aussagestarke Mimik und Gestik notwendig sind. Sattvika besteht im wesentlichen aus der Bhava-Rasa Theorie, wie wir sie zuvor behandelt haben.

Von diesen vier Bereichen des Abhinaya nimmt Angika den weitaus größten Platz ein. Seine Ausführungen sind derart detailliert und vielschichtig, daß ihm im folgenden ein separates Kapitel gewidmet ist.

Schminken vor dem Spiegel
Abhinaya-Pose

Kapitel V

Die Körpergestik (Angikam)

Die Körpergestik wird in vier hauptsächliche Bereiche eingeteilt.

1. Kopfhaltungen und Kopfbewegungen (Shiro Bhedas)

Es gibt insgesamt neun Kopfhaltungen beziehungsweise Kopfbewegungen.

1. Sama: Dies ist die Haltung, in der der Kopf bewegungslos bleibt, ohne gebeugt oder erhoben zu werden.
   Gebrauch: Die Sama-Haltung wird zu Beginn des Nritya gebraucht, beim Sitzen für Gebete, zum Zeigen von Stolz, Arroganz, heuchelndem Liebeszorn, um das Dummstellen auszudrücken und Arbeitsabwesenheit.
2. Udvahita: Dies ist die erhobene Kopfhaltung mit nach oben zeigendem Gesicht.
   Gebrauch: Um eine Flagge anzudeuten, den Mond, den Himmel, einen Berg sowie Bewegungen himmelwärts und sehr hohe Objekte.
3. Adhomukha: Dies ist die gesenkte Kopfhaltung mit dem Gesicht nach unten.
   Gebrauch: Um Schüchternheit und Schamhaftigkeit auszudrücken, Trauer, Angst, Ohnmacht, um sich zu verbeugen (Ehrfurcht), um Dinge zu zeigen, die sich unterhalb befinden, und um anzudeuten, daß man ins Wasser springt.
4. Alolita: Der Kopf wird rundherum gerollt.
   Gebrauch: Um Schläfrigkeit anzuzeigen, Bessenheit von einem bösen Geist, Betrunkenheit, Bewußtlosigkeit, eine Reise (reisen) und wildes, unkontrolliertes Gelächter.
5. Dhuta: Der Kopf wird von links nach rechts und umgekehrt gedreht.
   Gebrauch: Um anzuzeigen »es existiert nicht« (Verneinung), um beiden Seiten Aufmerksamkeit zu geben, um andere unsicher zu machen, um Staunen auszudrücken, Traurigkeit, Unwillen, Angst, um eine Erkältung anzudeuten, den Beginn von Trunkenheit, das Bereitmachen zum Kampf,

um zu verbieten, eine Revanche anzuzeigen, um an sich hinunterzu-
schauen und um jemanden herbeizurufen.

6. Kampita: der Kopf wird auf und ab bewegt (Kopfnicken).
   Gebrauch: Um seine Bereitschaft anzuzeigen, um »Halt« zu sagen, sich zu
   erkundigen, jemanden aus der Nähe zu rufen, jemanden einen Wink zu
   geben, um zu zählen, die Götter anzurufen und um zu drohen.

7. Paravritta: Das Gesicht wird abgewendet (der Kopf gedreht).
   Gebrauch: Um zu sagen »Dies sollte getan werden«, um Zorn anzudeuten, Scham, um sich abzuwenden (jemanden zum Gehen auffordern), um
   Geringschätzung auszudrücken, um auf Haar oder Kopf aufmerksam zu
   machen und um ein Erzittern (Bestürzung, Schock) anzudeuten.

8. Utksipta: Der Kopf wird seitwärts gedreht und dann erhoben.
   Gebrauch: Um jemanden aufzufordern oder zu bitten »Nimm dies« oder
   »Komm«, um seine Unterstützung für etwas anzuzeigen und um etwas zu
   akzeptieren oder zu billigen.

9. Parivahita: Der Kopf wird von Seite zu Seite geneigt.
   Gebrauch: Um Vernarrtsein anzudeuten, Sehnsucht nach dem getrenn-
   ten Geliebten (Liebeskummer), um Gott zu lobpreisen, Freude auszudrük-
   ken, um nachzudenken und zu bejahen.

2. Mimik, Gesichtsausdruck (Mukhaja-Abhinaya)

Augenbewegungen (Drishti Bhedas)

Es gibt acht Grundstellungen der Augen.

1. Sama: Dies ist der gerade Blick, ohne die Lider zu bewegen (zwinkern),
   entsprechend dem Blick weiblicher Gottheiten.
   Gebrauch: Dieser Blick wird zu Beginn des Tanzes gebraucht; zur Begut-
   achtung der Balance (auswägen); beim Versuch herauszufinden, was ein
   anderer denkt; um Überraschung zu zeigen und um ein Bildnis eines Gottes darzustellen.

2. Alokita: Dies ist ein rascher Blick mit geöffneten Augen.
   Gebrauch: Um das Drehen einer Töpferscheibe anzudeuten; um alle Arten von Gegenständen zu zeigen und um Betteln darzustellen.

3. Saci: Ein Blick aus den Augenwinkeln.
   Gebrauch: Um jemanden einen Wink zu geben; um das Berühren des Schnurrbarts anzudeuten oder das Zielen mit einem Pfeil; um einen Papagei darzustellen, das Erinnern an etwas und den Beginn von Taten.
4. Pralokita: Dies ist das Blicken von Seite zu Seite.
   Gebrauch: Um Dinge, die sich auf beiden Seiten befinden, anzudeuten, übertriebene Hingabe zu zeigen; um in Bewegung Befindliches anzudeuten und Dummheit.
5. Nimilita: Die Augen sind halb geschlossen.
   Gebrauch: Um eine Schlange darzustellen; um auszudrücken, daß jemand unter der Macht eines anderen steht (Hypnose); um Rezitationen (Gebete) darzustellen; Meditation; eine ehrfurchtsvolle Begrüßung, um Wahnsinn oder Geistesgestörtheit anzudeuten und genaue und scharfe Betrachtung von etwas.
6. Ullokita: Der himmelwärts gerichtete Blick.
   Gebrauch: Um die Spitze einer Flagge anzuzeigem, einen Turm, himmlische Wesen, frühere Geburten; um Höhe und Mondlicht darzustellen.
7. Anuvrtta: Die Augen bewegen sich schnell auf und ab.
   Gebrauch: Um einen ärgerlichen Anblick zu geben und um Freunde zu begrüßen.
8. Avalokita: Der Blick nach unten.
   Gebrauch: Um das Betrachten eines Schattens anzuzeigen; Reflexionen; um Körperübungen anzudeuten; Mattigkeit; Nachdenklichkeit; und um die eigenen Glieder zu betrachten.

Das Natyashastra erwähnt unter anderem neun *Rasa Drishtis*. Die Rasa Drishtis geben die Art der Blicke wieder, mit denen die Bhavas entsprechend den neun Rasas gebildet werden.

1. Kanta oder Shringara (Liebe): Ein Seitwärtsblick (aus den Augenwinkeln), mit einem Gefühl der Liebe und mit leicht gehobenen Augenbrauen.
   Gebrauch: Um erotische Gefühle und Liebe auszudrücken.
2. Hasya (Humor): Die beiden Augenlider werden abwechselnd zusammengekniffen und geweitet (flattern), mit angenehmem Zwinkern.
   Gebrauch: Um Gelächter darzustellen.
3. Karuna (Mitgefühl): Die oberen Augenlider gesenkt, die Pupillen ruhig auf die Nasenspitze gerichtet.
   Gebrauch: Um Mitgefühl auszudrücken.

4. Raudra (Wut): Gefühlloser Blick, mit bewegungslosen Lidern, glühende und geöffnete Augen, mit zusammengezogenen Augenbrauen, die sich heben und senken.
   Gebrauch: Um furchterregende Gefühle darzustellen.
5. Vira (Kühnheit): Strahlende, geöffnete Augen und ruhiger, direkter Blick.
   Gebrauch: Um heroische Gefühle darzustellen.
6. Bhayanaka (Angst): Die Augen sind weit geöffnet, bewegungslos und schimmern in Furcht.
   Gebrauch: Um Gefühle des Schreckens auszudrücken.
7. Bibhatsa (Abneigung): Zusammengekniffene Augenlider, Pupillen seitwärts nach unten gerichtet (der Blick wird vom betrachteten Objekt abgewendet).
   Gebrauch: Um Verachtung anzuzeigen.
8. Adbhuta (Verwunderung): Angehobene Augenbrauen, weit geöffnete Augen und flinkes Rollen der Pupillen.
   Gebrauch: Um Großartigem Ausdruck zu geben.
9. Shanta (Seligkeit): Ruhiger, gerader Blick mit leicht gesenkten Lidern.
   Gebrauch: Um Seelenfrieden und Ruhe darzustellen.

Neben den Rasa Drishtis haben die *Sanchari Bhava Drishtis* die größte Bedeutung für den *Mukhajabhinaya* (Gesichtsausdruck). Sie geben die Blicke wieder, die für die mimische Repräsentation der hauptsächlichen Gefühle im Leben, der *Sanchari Bhavas*, notwendig sind.

Im Natyashastra werden unter anderem folgende Sanchari Bhava Drishtis aufgeführt:

1. Shunya (leerer Blick): Der Blick ist reglos und leer, unberührt von äußeren Eindrücken; die Pupillen gerade und bewegungslos.
   Gebrauch: Um Angst und Ohnmacht darzustellen.
2. Malina (unreiner Blick): Die Enden der Wimpern zittern, die Lider sind leicht geschlossen und die Pupillen rollen.
   Gebrauch: Um Niedergeschlagenheit und Erbleichen anzuzeigen.
3. Shrauta (niedergeschlagener Blick): Die Lider und Augen sind gesenkt.
   Gebrauch: Um Müdigkeit und Strapazen anzudeuten.
4. Lajjanavita (schamhafter Blick): Die Wimpern und Lider hängen; die Pupillen sind nach unten gerichtet.
   Gebrauch: Um Schamhaftigkeit und Scheu darzustellen.

5. Glana (matter Blick): Die Pupillen bewegen sich langsam und die Wimpern werden angehoben.
   Gebrauch: Um einen epileptischen Zustand und Krankheit und Schwäche darzustellen.
6. Shankita (zweifelnder Blick): Die Augen werden abwechselnd bewegt, still gehalten und wieder bewegt; der Blick ist schief, die Pupillen werden leicht gehoben und teilweise von den Lidern verdeckt.
   Gebrauch: Um Zweifel und Unsicherheit auszudrücken.
7. Vishauna (niedergedrückter Blick): Die Augenlider sind weit geöffnet und die Pupillen bewegungslos.
   Gebrauch: Um Verzweiflung und Angst anzuzeigen.
8. Mukula (knospenähnlicher Blick): Die Wimpern sind fast geschlossen und zittern.
   Gebrauch: Um Träumen und Glück darzustellen.
9. Kunchita (gekrümmter Blick): Das Ende der Wimpern ist leicht nach unten gebogen, indem die Lider zusammengekniffen werden.
   Gebrauch: Um unerwünschte Dinge und das Betrachten schwer erkennbarer Objekte anzudeuten.
10. Abhitapta (in Schmerzen brennender Blick): Pupillen und Augenlider bewegen sich langsam (von Schmerz und Qual gezeichneter Blick).
    Gebrauch: Um Verzagtheit und durch äußere Umstände entstandene Schmerzen darzustellen.

Bewegungen von Mund und Gesicht (Asya Bhedas)

Die *Asya Bhedas* geben die Bewegungen des Gesichts zumeist anhand der verschiedenen Bewegungen des Mundes wieder. Im Natyashastra werden sechs Asya Bhedas aufgeführt:

1. Vinivratta: Abgewendetes Gesicht.
   Gebrauch: Um Neid, Angst, Verachtung und Schamhaftigkeit darzustellen.
2. Vidhuta: Ein schiefer Mund.
   Gebrauch: Um etwas zu verneinen.
3. Nirubhanga: Gesenktes Gesicht.
   Gebrauch: Um Gedankenversunkenheit anzuzeigen.

4. Bhanga: Ein »langes« Gesicht.
    Gebrauch: Um Schamhaftigkeit, Sehnsucht, Zweifel, Angst und Disziplin darzustellen.
5. Vivrata: Offener Mund.
    Gebrauch: Um Gelächter, Angst und Kummer darzustellen.
6. Udvahita: Angehobenes Gesicht.
    Gebrauch: Um Scherzhaftigkeit anzuzeigen, zu bejahen, den weiblichen Stolz darzustellen, jemandem in Mißachtung zu bedeuten, er solle weggehen, und um seinem Unmut Ausdruck zu geben.

Bewegungen der Nase (Nasa Bhedas)

Die *Nasa Bhedas* geben den Gebrauch der verschiedenen Nasenbewegungen wieder. Im Natyashastra werden sechs Nasabhedas aufgeführt:

1. Nata: Unregelmäßig schließende Nasenflügel.
    Gebrauch: Um sanftes Weinen anzuzeigen.
2. Manda: Ruhige, unbewegliche Nasenflügel.
    Gebrauch: Um Zweifel, Verzagen, Sehnsucht, Angst, Sorge und Trauer auszudrücken.
3. Vikushta: Geblähte Nasenflügel.
    Gebrauch: Um starken Geruch, Wut, Kühnheit und Angst darzustellen.
4. Socchvasa: Einatmende Nase.
    Gebrauch: Um guten Geruch anzuzeigen und bei tiefem Einatmen.
5. Vidhurmita: Naserümpfen.
    Gebrauch: Beim Lachen und um Eifersucht und Abneigung darzustellen.
6. Svabhavika: Die natürliche Haltung.
    Gebrauch: In natürlichem Zustand oder allen anderen Stimmungen.

Wir werden nun ein Beispiel geben, wie die verschiedenen Glieder der Körpergestik zur Bildung eines Rasa ineinanderwirken und wieviele Bereiche dabei zu berücksichtigen sind. Natürlich wird ein Tanzstudent nicht auf diese Weise seine Gestik und Mimik erlernen, sondern sich vollständig an die Anweisungen des Lehrers halten. Das nachfolgende Beispiel gibt also nur eine theoretische Betrachtung wieder.

Der Shringara-Rasa (Liebe) kann beispielsweise auf mehrere verschiedene Weisen dargestellt werden und drückt dabei jedesmal einen anderen Aspekt der Liebe aus, zum Beispiel Freude, Schamhaftigkeit oder Liebessehnsucht.

142

Der schamhafte Shringara-Rasa

Kopf in Adhomukha (gesenkte Kopfhaltung)
Augen (Blick) in Lajjanvita (schamhaft)
Nase in Svabhavika (Normalhaltung)
Gesicht in Vinivratta (abgewendet)

Handgesten (Hasta Mudras)

Den Handgesten, *Hasta Mudras* genannt, kommt im Bharata Natyam die größte Bedeutung zu. Sie werden im Tanz als eine eigentliche Ausdrucks- und Zeichensprache gebraucht. Sie können wie Worte zu Sätzen zusammengefügt werden. Ohne Hasta Mudras ist die Sprache der Körpergestik und Mimik undenkbar. Mit Mudras können nicht nur Worte gebildet, sondern die verschiedensten Dinge repräsentativ dargestellt werden, wie beispielsweise Personen, Tiere, Pflanzen, Orte und die Elemente. Die Hasta Mudras werden durch die verschiedenen Stellungen der Finger und Haltungen der Hände geformt.

Die meisten Handgesten werden zur Darstellung mehrerer verschiedener Dinge und zur Wiedergabe der unterschiedlichsten literarischen Themen gebraucht. Die einzelnen Mudras können also zumeist nur in einem gesamtthematischen Zusammenhang verstanden werden. Innerhalb eines solchen thematischen Zusammenhangs bedeuten sie etwas anderes, als wenn sie getrennt dargestellt werden. Viele Mudras erhalten zudem nur ihre gewünschte Aussage in Verbindung mit der allgemeinen Körpersprache oder können durch diese in ihrer Bedeutung verändert werden.

Die Handgesten werden keineswegs nur im wörtlich übertragenen Sinn gebraucht. Die *Pataka Hasta Mudra* bedeutet beispielsweise wörtlich Flagge, wird aber weit häufiger für andere Dinge gebraucht, als um eine Flagge darzustellen. Wie wir bereits früher gesehen haben, werden die meisten Einzelhandgesten sowohl im Abhinaya (Ausdruckstanz) als auch im Nritta, dem nichterzählenden Tanz, gebraucht. Im Nritta jedoch besitzen sie nur ästhetische Bedeutung und keinerlei literarische oder sonstige Aussage.

Die Anwendungsmöglichkeiten einzelner Handgesten sind äußerst vielschichtig. Wir werden deshalb nachfolgend nur einige bedeutende Beispiele oft gebrauchter Anwendung geben können.

Entsprechend der Tanzliteratur (Natyashastra und Abhinaya Darpana) werden die Hasta Mudras in drei Gruppen eingeteilt: in Einzelhandgesten, Doppelhandgesten und Handgesten für den nichterzählenden Tanz Nritta.

Die Einzelhandgesten (*Asamayuta Hastas*)

Im Abhinaya Darpana werden 28 Einzelhandgesten aufgeführt. Aus anderen Quellen sind vier weitere Hasta Mudras hinzugekommen, so daß wir eine Summe von 32 gebräuchlichen Handgesten erhalten.

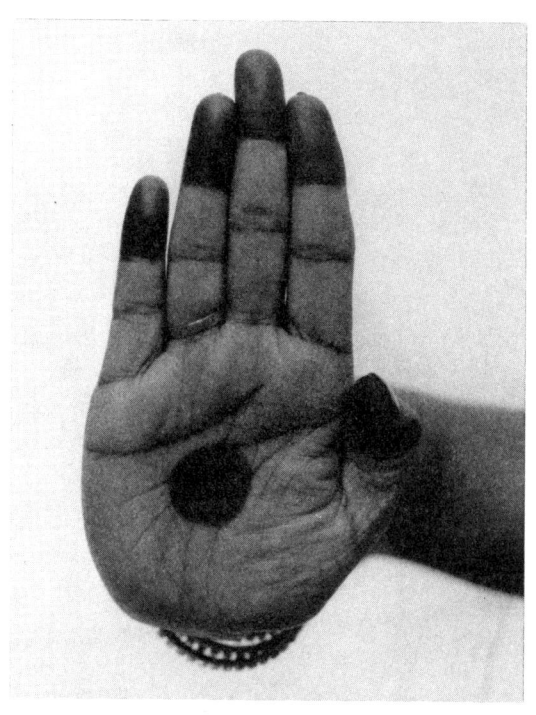

1. Pataka (Flagge)
Flagge, Wasserwellen,
Wald, Wolken, Himmel,
Pferd, Palmblatt, Mond-
schein, Sonnenlicht (-strah-
len); vernichten, segnen,
sich hinlegen; um die Worte *vielleicht*, *ich*, *du* etc.
auszudrücken, zu Beginn
des Tanzes

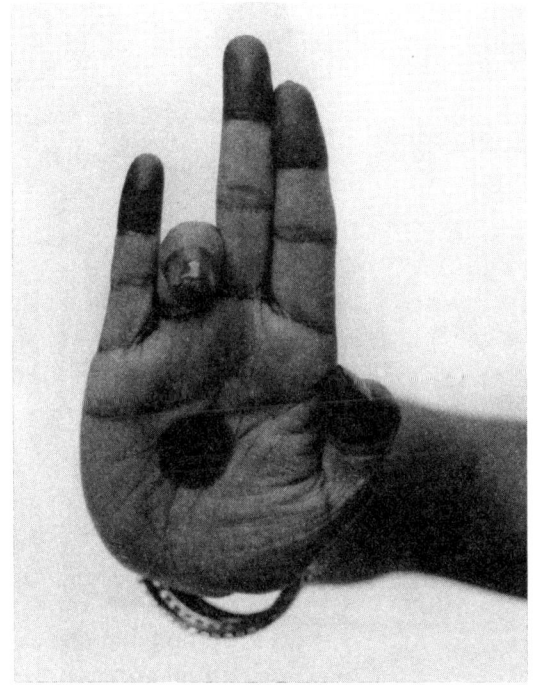

2. Tripataka
(dreigeteilte Flagge)
Krone, Baum, Blitz, Waffe,
Indra, Lampe, Feuer,
Tauben; sich schminken
etc.

145

3. Artdhapataka
(halbe Flagge)
Blätter, Zeichenbrett, Flußufer; das Wort *beide* etc.

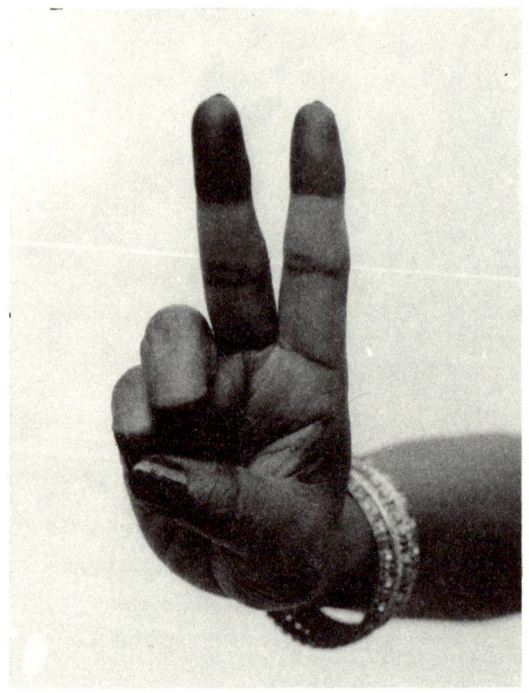

4. Kartarimukha
(Scherengesicht)
Opposition, Tod, Trennung;
getrennt werden, hinfallen,
weinen, rauben etc.

146

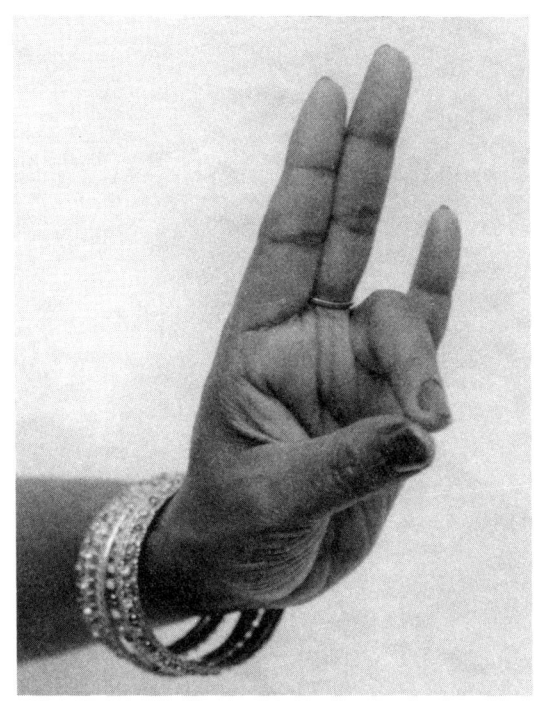

5. Mayura (Pfau)
Anblick eines Pfaus,
Schlingpflanzen, Vögel;
Haare entfernen, Punkt auf
die Stirn malen etc.

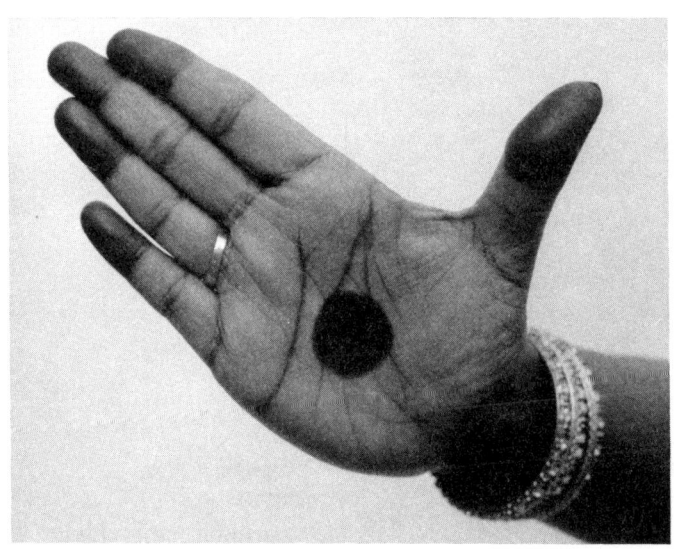

6. Ardhachandra (Halbmond)
Mond, Halbmond, Speer (Waffe), Hüfte, Meditation;
erwürgen, einweihen, segnen etc.

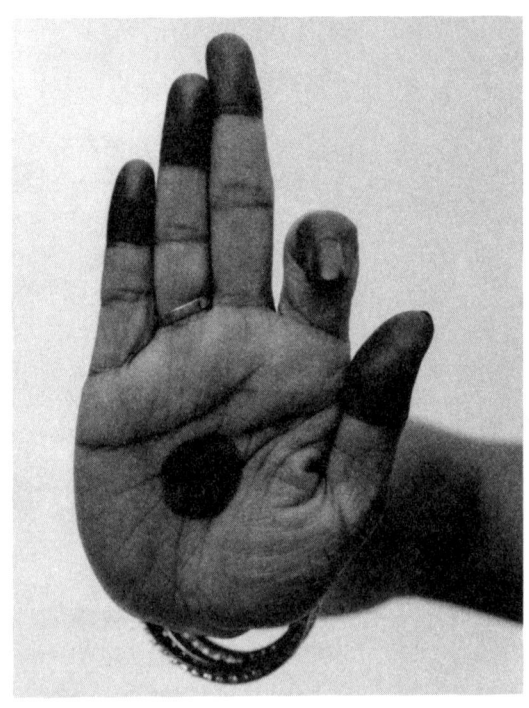

7. Arala (Gebogene)
Starker Wind; Trinken von
Gift oder Nektar

8. Shukatunda
(Papageienkopf)
Grausamkeit; einen Pfeil
oder Speer schießen, my-
stische und geheimnisvolle
Dinge erzählen, sich an
Vergangenes erinnern.

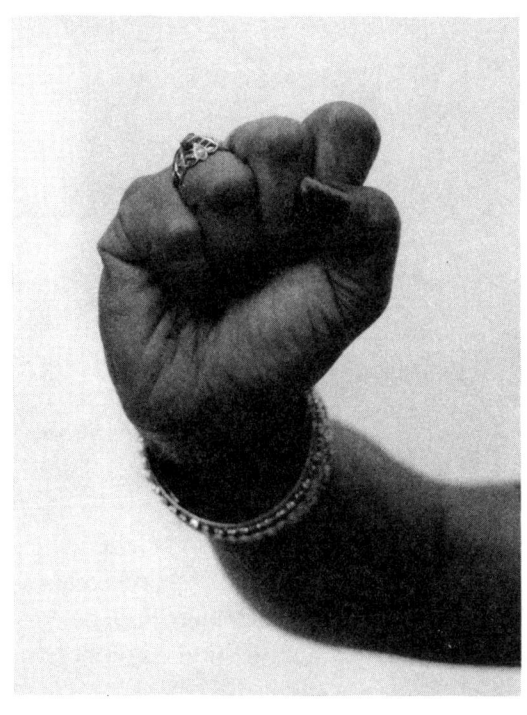

9. Mushti (Faust)
Festigkeit, Begreifen (erfassen), Kampfesstimmung;
sich in die Haare greifen,
Dinge festhalten, kämpfen

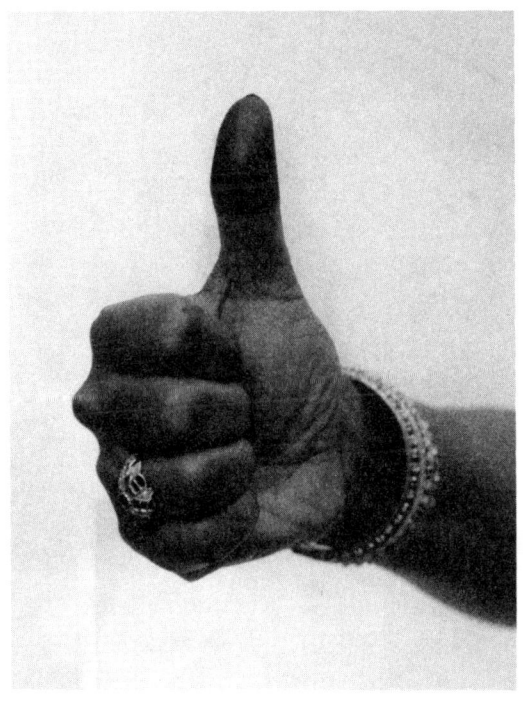

10. Shikara (Spitze)
Gott der Liebe (Manmatha),
Bogen (Waffe), Säule,
Unterlippe, Zahn, Lingam
(Phallussymbol); fragen,
verneinen, sich erinnern,
Glocke läuten, umarmen
etc.

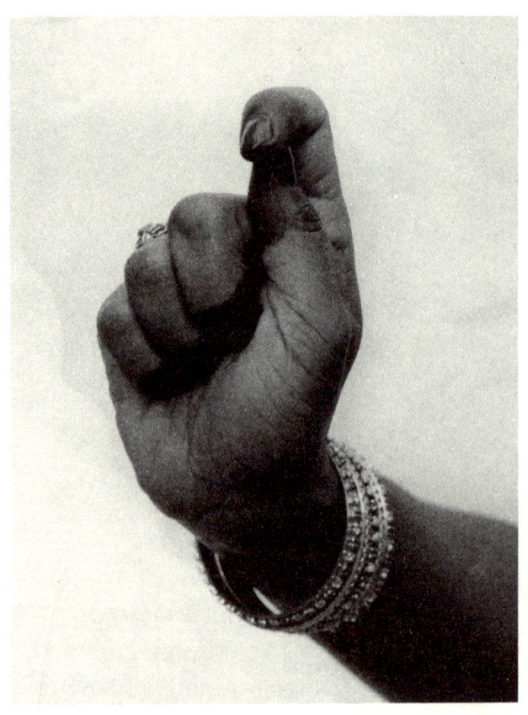

11a. Kapittha
       (Elefantenapfel)
Lakshmi (Göttin des Wohl-
standes), Saraswati (Göttin
der Bildung), Blumenge-
schmücktes Mädchen; die
Zimbeln halten, melken,
sich bekleiden, Räucher-
stäbchen und (Kampher-)
Licht opfern etc.

11b. Kapittha
       (Elefantenapfel)
Auch diese Version ist
möglich.

12. Katakamukha
   (Öffnung des Armreifs)
Blumen pflücken, (Blumen-)
Girlande halten, Betelnüsse
anbieten, Sandelpaste zu-
bereiten, Parfüm auftragen,
Bogen (Waffe) spannen,
sprechen und blicken

13. Suchi (Nadel)
Seele Brahmas (*Parabrah-
ma*), Sonne, Stadt, Welt
(Globus), Schirm, Hände,
die Zahlen *Eins, Einhundert*;
die Worte *dies* und *jenes*;
zurechtweisen etc.

14. Chandrakala
    (Mondsichel)
Mondsichel, Gesicht, Krone
Shivas; etwas abmessen

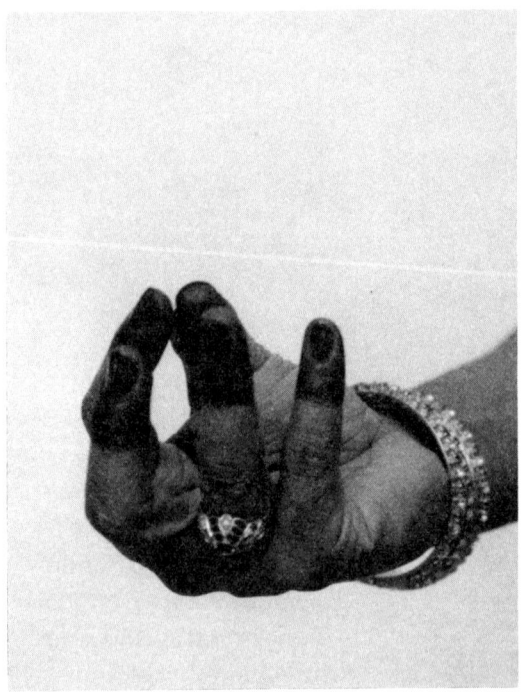

15. Padmakosha
    (Lotusknospe)
Früchte, Eier, Busen der
Frau, Ball, Kochtopf,
Mango; Blumen streuen,
essen etc.

152

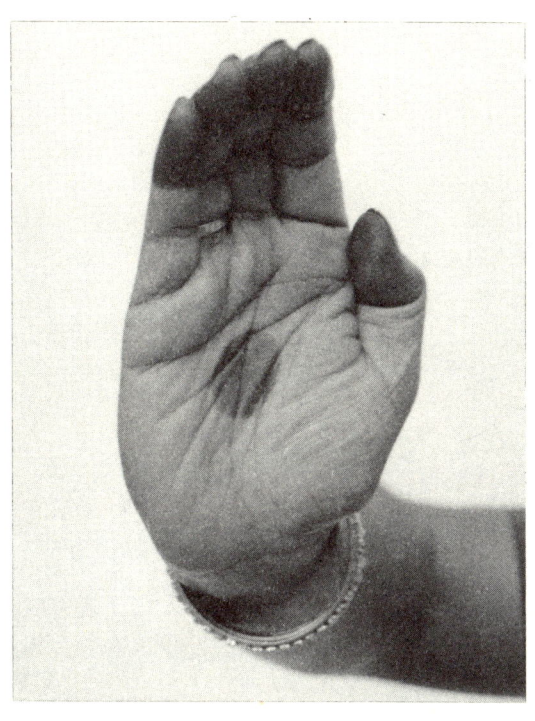

16. Sarpashirsha
    (Schlangenkopf)
Schlange, Arme von
Boxern; Wasser sprinkeln,
den Göttern und Rishis
Wasser reichen etc.

17. Mrigashirsha (Rehkopf)
Frau, Wange, Rad, Grenze,
Angst, das weibliche
Organ, Kostüm, Kleid, Reh-
kopf, Laute (Instrument),
Fußmassage, Streitigkeit,
(Treppe) gehen etc.

153

18. Simhamukha
    (Löwengesicht)
Elefant, Löwengesicht, Lo-
tusgirlande, Heiliges Gras
(Darbha), Hase; Opferhand-
lung, Bewegung, Zuberei-
ten von Medikamenten
(und Schmecken der-
selben)

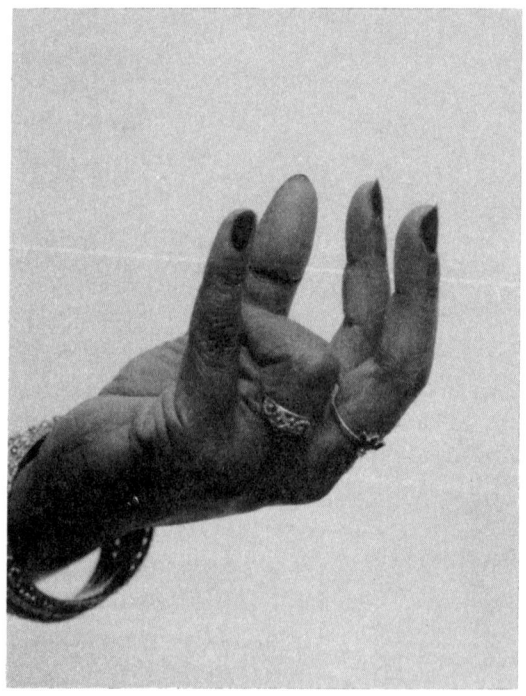

19. Langula (Schwanz)
Kleine Früchte, Betelnüsse,
Knospen, Lilien, Kokosnüs-
se auf einem Haufen, kleine
Fußschellen, Brüste eines
jungen Mädchens,
Rudraksha-Kette (Rosen-
kranz) etc.

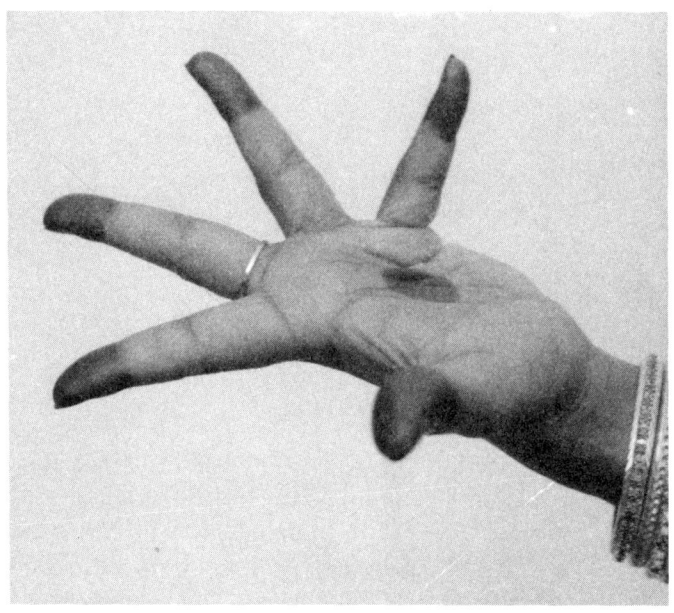

20. Alapadma (volle Lotosblüte)
Elefantenapfel, volle Brüste, Haarknoten, Mondterrasse
(Terrasse zur nächtlichen Mondbeobachtung, zum
»Mondbad«), Dorf, Stadt, See, Gefäß, Getrenntsein vom
Geliebten, Fragen: »Wem gehörst du?«, »...oder nicht?!«;
Drehbewegungen, Loben etc.

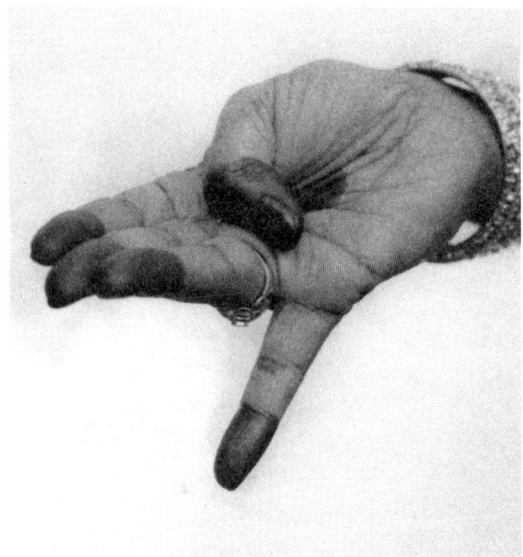

21. Chatura (Quadrat)
Moschus-Parfüm, Gold,
Kupfer und andere Metalle,
Ghee (geläuterte Butter),
Öl, Farbe, Kleidung, Nässe,
Trauer, Ästhetischer Kunst-
genuß, verschiedene Ka-
sten, Intelligenz (Gedächt-
nis), Beweis, Liebe, Vereini-
gung, Reinheit; jemandem
einen Platz anweisen, süßer
Geschmack, langsames
Gehen, etwas in Stücke
brechen, ein wenig

155

22. Bhramara (Biene)
Biene, Vögel (Papagei,
Kuckuck etc.), Ohrringe,
Hörner, Elefantenzähne,
Kran; Yoga- beziehungs-
weise Meditationshaltung,
Lotusblumen pflücken etc.

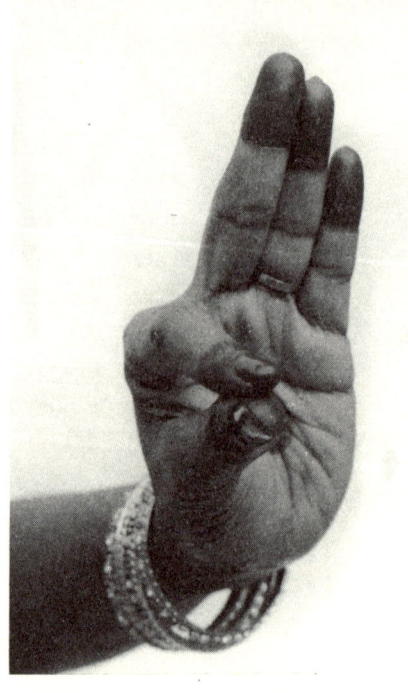

23. Hamsasya
    (Schwanengesicht)
Perlen, Jasmin, Teich, Brah-
manen, Gemälde; Hören,
Unterricht in den heiligen
Schriften, Malen, Docht
(für eine Öllampe) vorbe-
reiten, Küssen, Schreiben,
Meditation etc.

24. Hamsapaksha
    (Schwanenflügel)
Die Zahl 6, eine Brücke
bauen, etwas herrichten
etc.

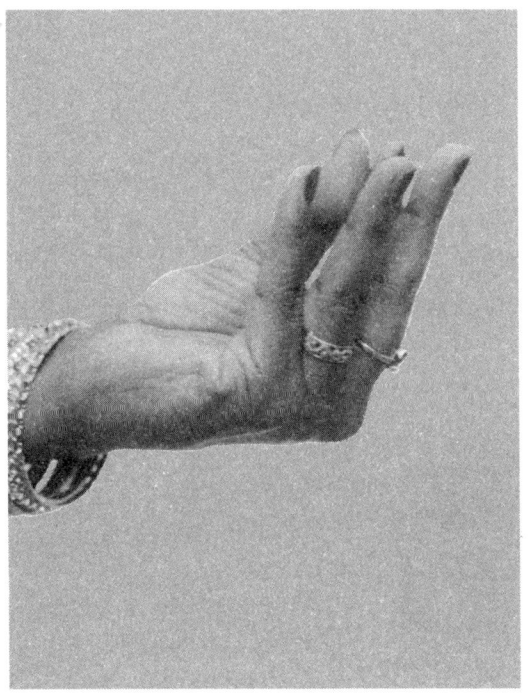

25. Sandamsa (Pinzette)
Wunde, Insekt, Wurm,
Gottesdienst, die Zahl 5,
Überreichen von Opferga-
ben, Herzklopfen (Angst)

157

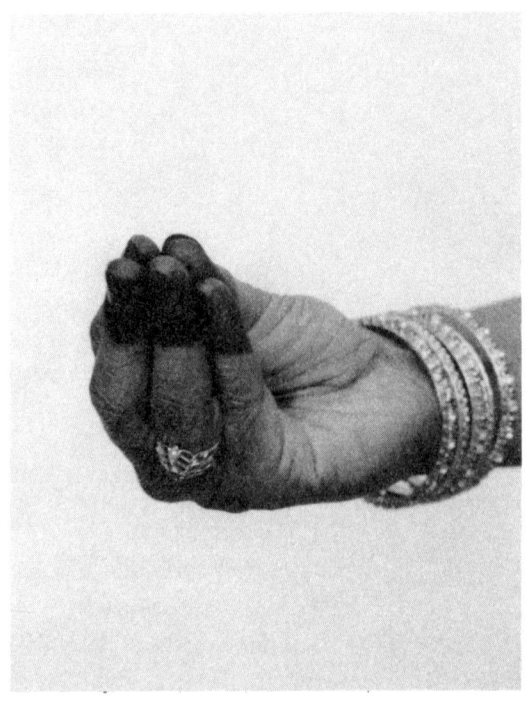

26. Mukula (Knospe)
Wasserlilie, Nabel, Bana-
nenblüte, Manmatha (der
Liebesgott) mit seinen fünf
Pfeilen, Seele, Prana
(Lebensatem); essen, einen
Stempel halten, wohltätige
Gaben überreichen, ein
Kind küssen

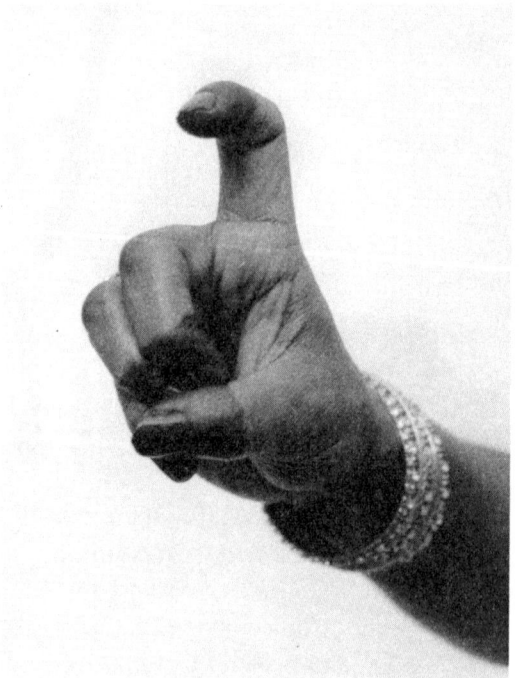

27. Tamrachuda (Hahn)
Hahn, Kamel, Kalb, Feder-
halter (Schreiber)

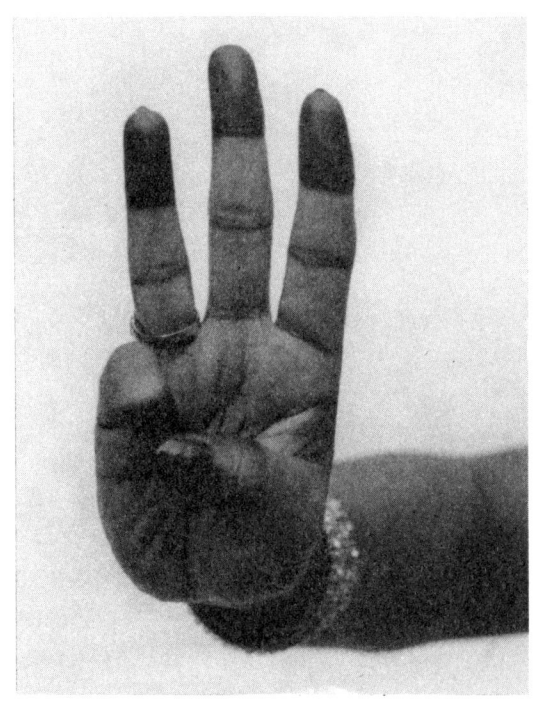

28. Trishula (Dreizack)
Bel-Blatt (kleeblattförmig),
die Zahl 3, die Trinität

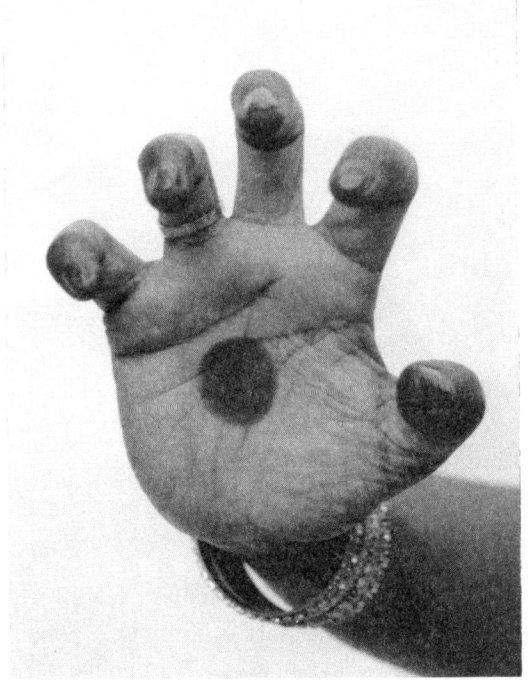

29. Vyaghra (Tiger)
Tiger, Frosch, Affe, Perl-
muschel, Narasimha (Form
des Vishnu als Mannlöwe),
Diebstahl, Angst

30. Ardhasuchi (halbe Nadel)
Sprießender Same (Sproß),
junger Vogel, großer
Wurm, Gras, Stachel

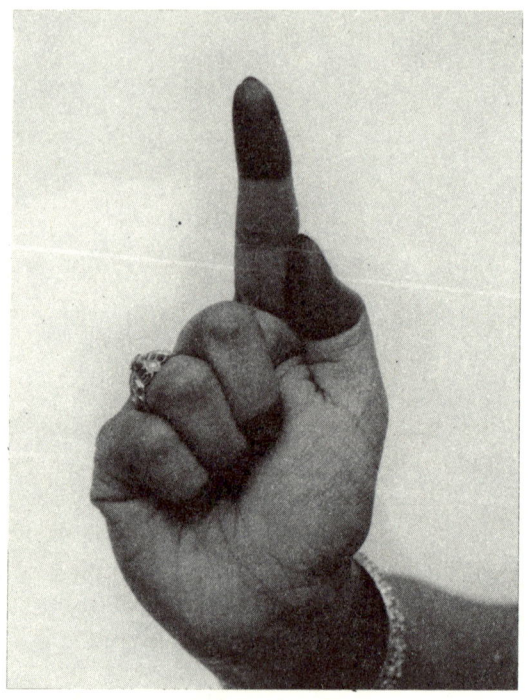

31. Bana (Pfeil)
Die Zahl 6, Zufriedenheit,
Ruhe, Beharrlichkeit

160

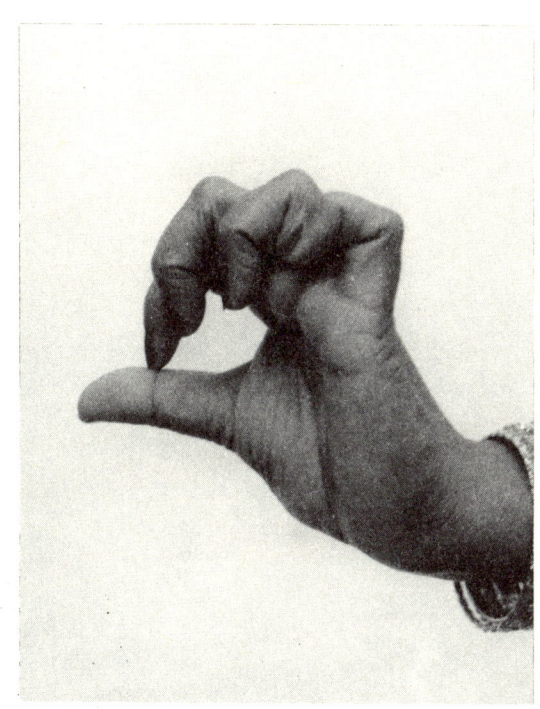

32. Palli
Lippen, Frau

Die Doppelhandgesten (*Samyuta Hastas*)

Es gibt insgesamt 24 Doppelhandgesten.

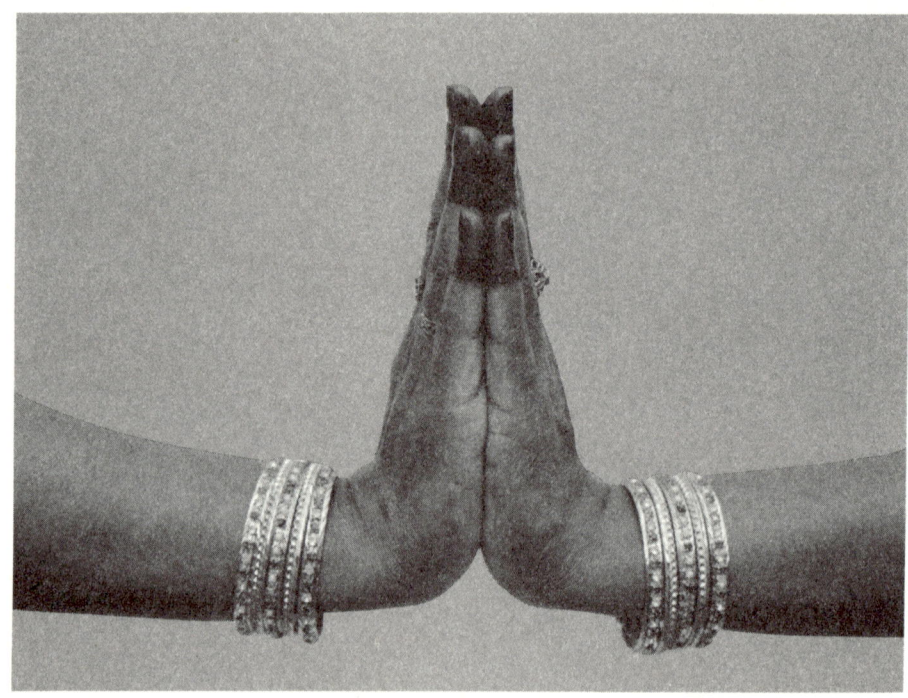

1. Anjali (Begrüßung)
   Begrüßung für Gott (Hände über dem Kopf), für
   den Guru (Hände vor dem Gesicht), für Brahmanen (Hände vor der Brust)

2. Kapota (Taube)
   Taube, Ansprechen des Gurus und respektvolles Entgegennehmen

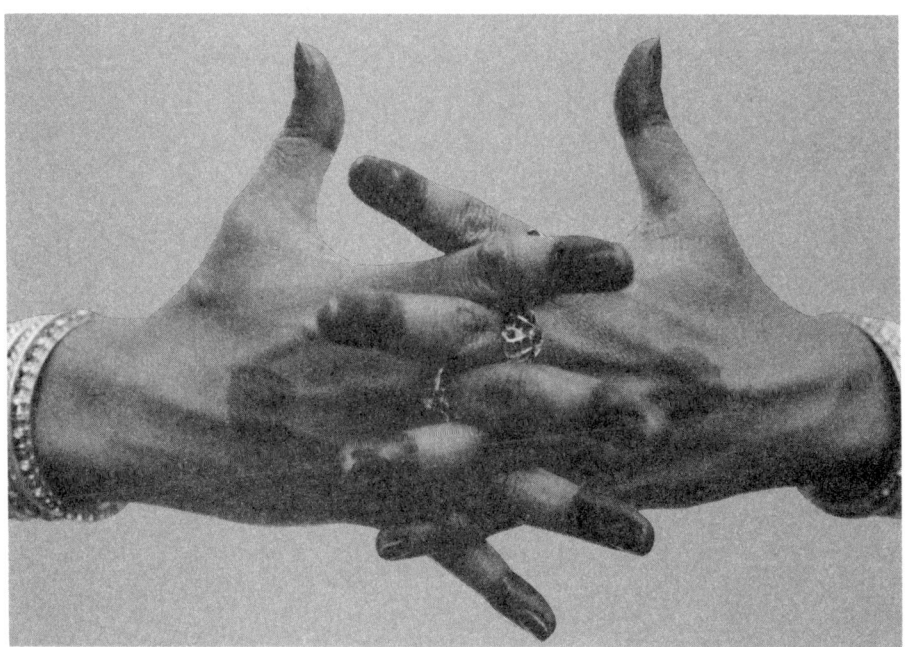

3. Karkata (Krebs)
   Anzeigen einer Menschenmenge, Freundschaft, Verbundenheit (Intimi-
   tät), Bauch, das Blasen des Muschelhorns, sich strecken, Massage des
   Körpers, einen Zweig herabziehen

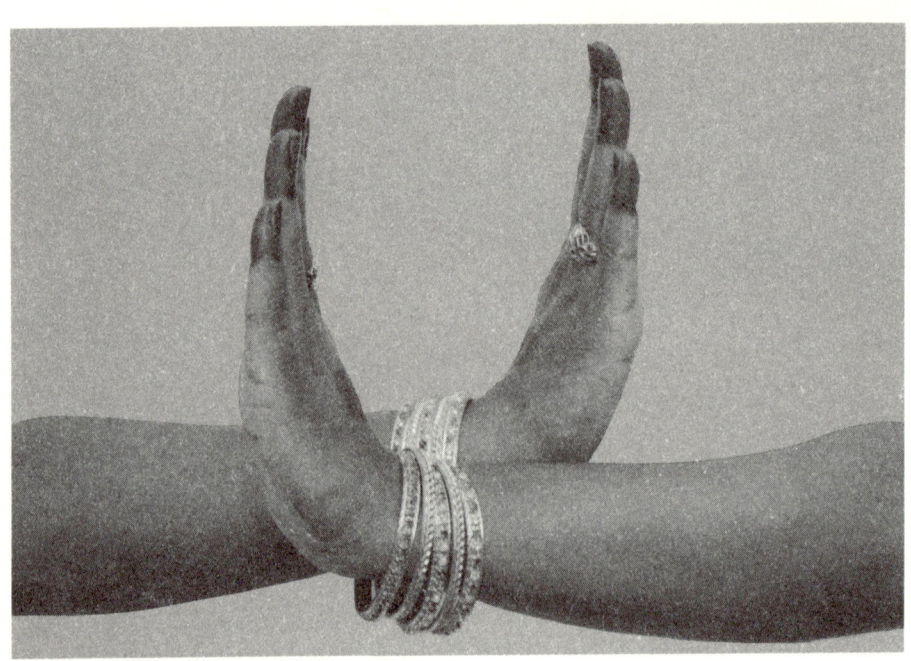

4. Swastika (Kreuz)
   Krokodil, Darstellung Gottes und des Ewig Unsterblichen

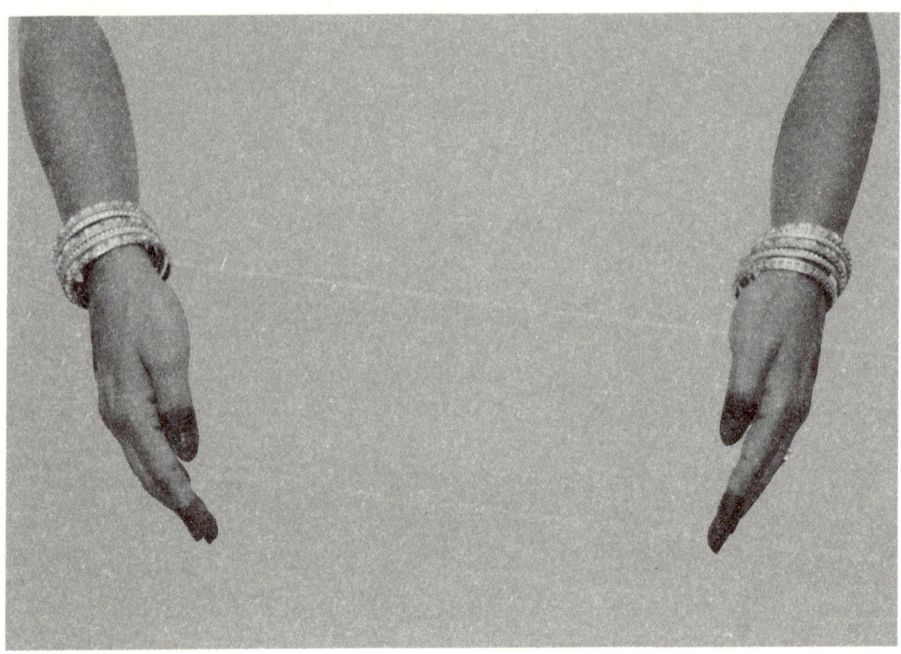

5. Dola (hängend)
   Trommel, zu Beginn des Tanzes, Eile, Betäubung, Bewußtlosigkeit, Krankheit, von einer Waffe verwundet sein

164

6. Pushpaputa (eine Handvoll Blumen)
   Opfern mit einer Öllampe, Opfern von Früchten,
   von Blumen etc.

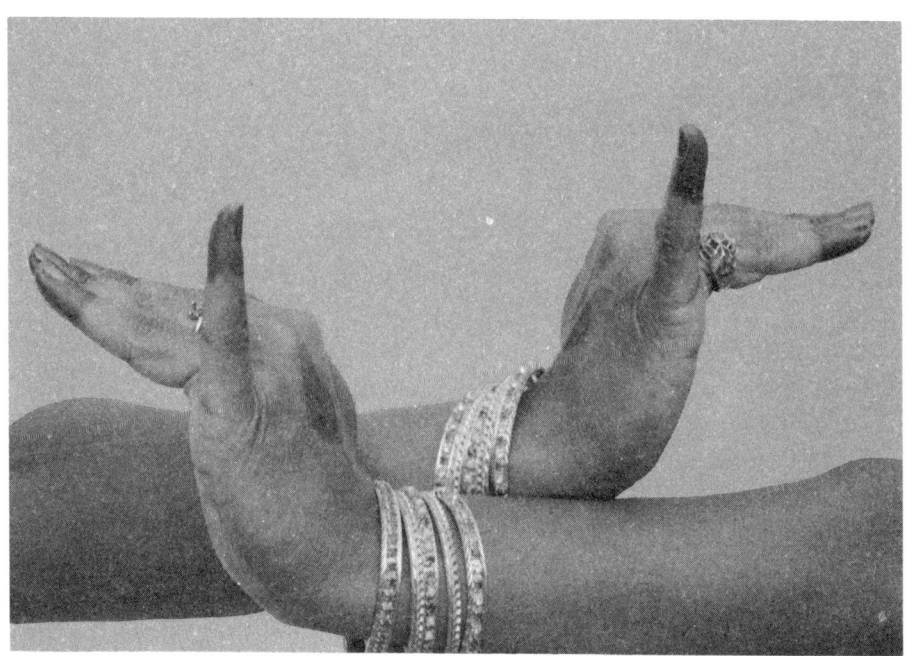

7. Utsanga (Umarmung)
   Umarmen, das Zeigen von Armschmuck, das Unterrichten von Kindern

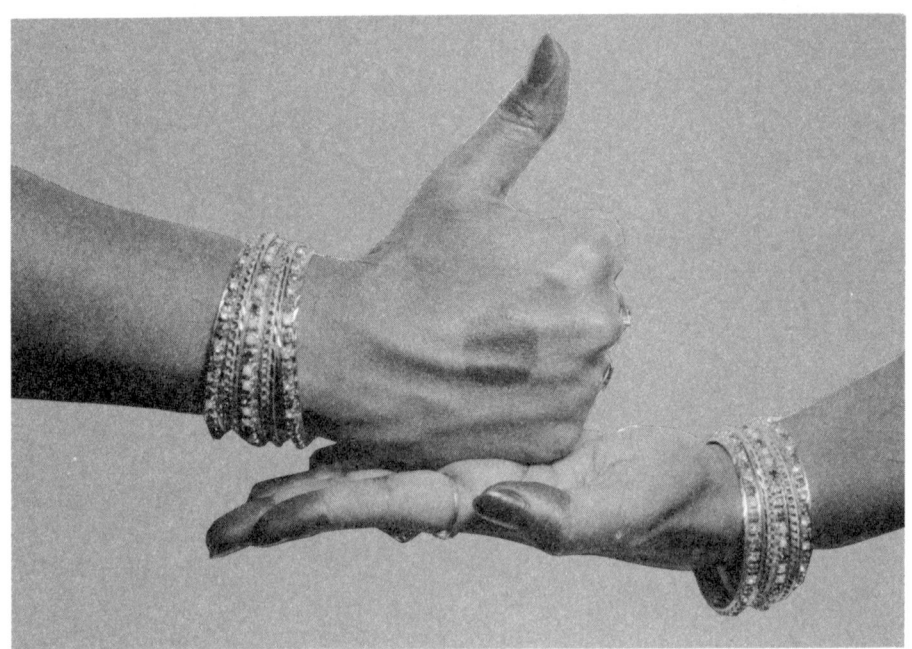

8. Shivalinga (Symbol Shivas)
   Phallussymbol, Shiva, Vorsteher (Führer), Autorität, großartig

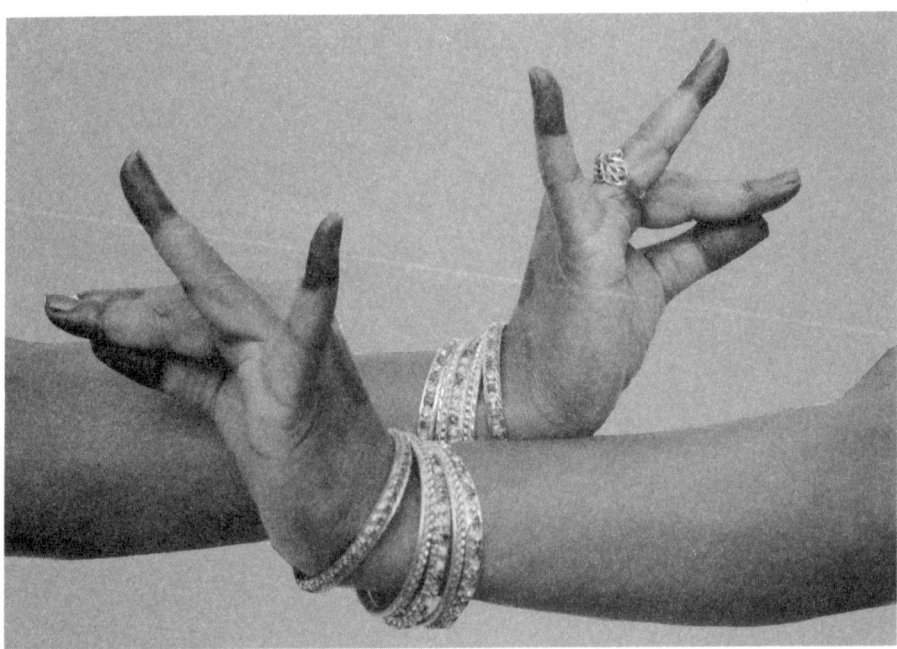

9. Katakavardhana (das Vergrößern des Armbandes)
   Krönung, Gottesdienst, Hochzeit

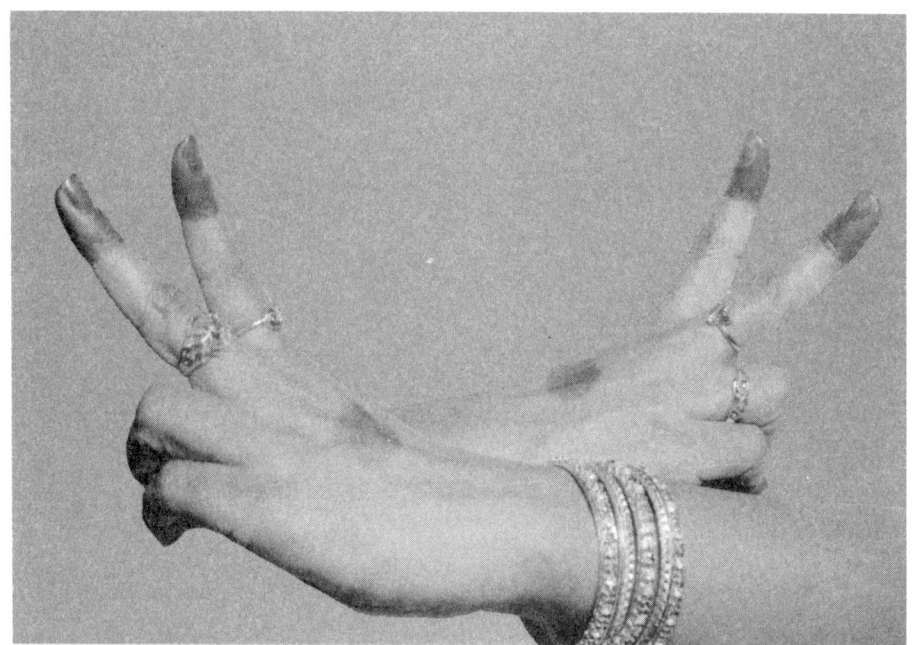

10. Kartariswastika (gekreuzte Scheren)
    Zweige, Bäume und Bergspitzen

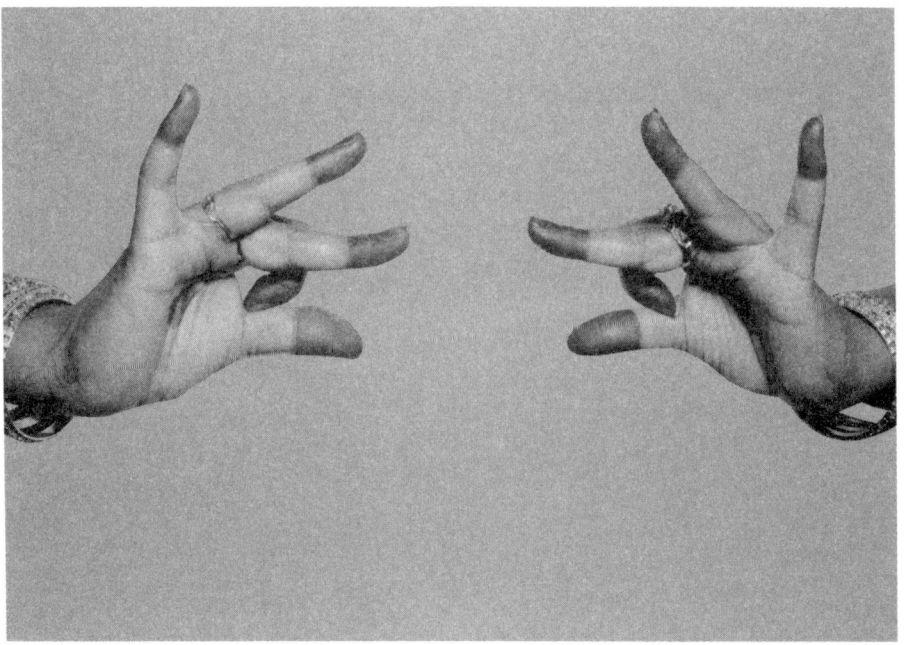

11. Shakata (Karte)
    Dämon

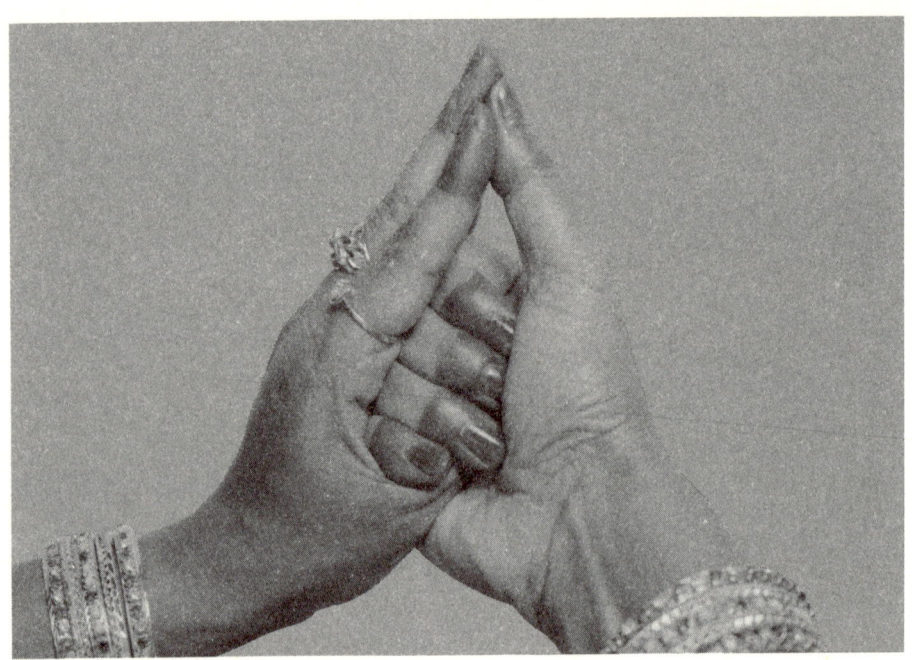

12. Shanka (Muschelhorn)
   Muschelhorn, Ankündigung eines Krieges, religiöse Zeremonien

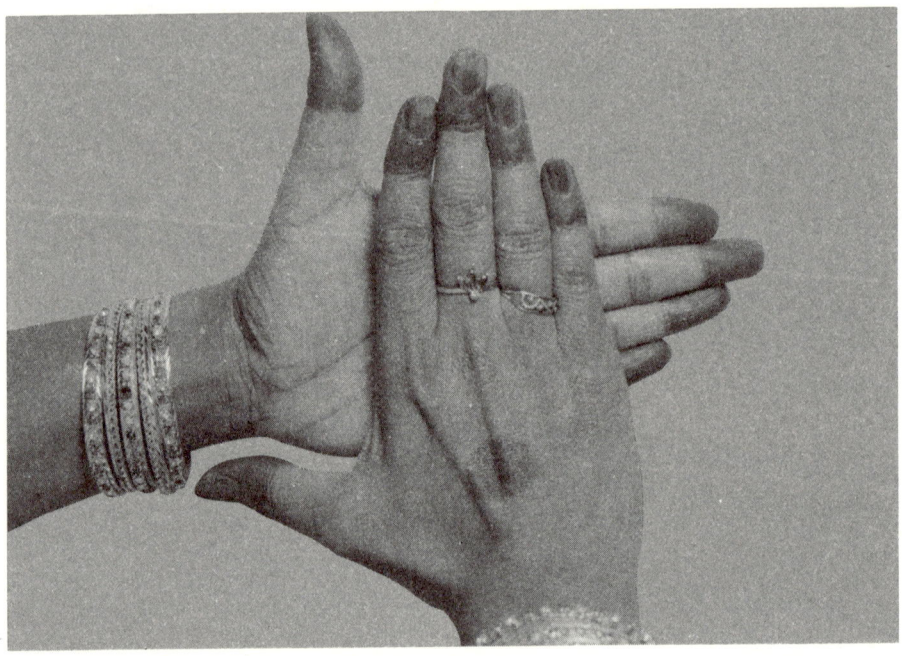

13. Chakra (Diskus)
   Diskus, Rad, Symbol für Vishnu

14. Samputa (Schachtel)
   Schachtel (Schmuckkästchen), etwas verstecken, Würfel spielen

15. Pasha (Schnur)
   Schnur, Strick, Kette, Streit

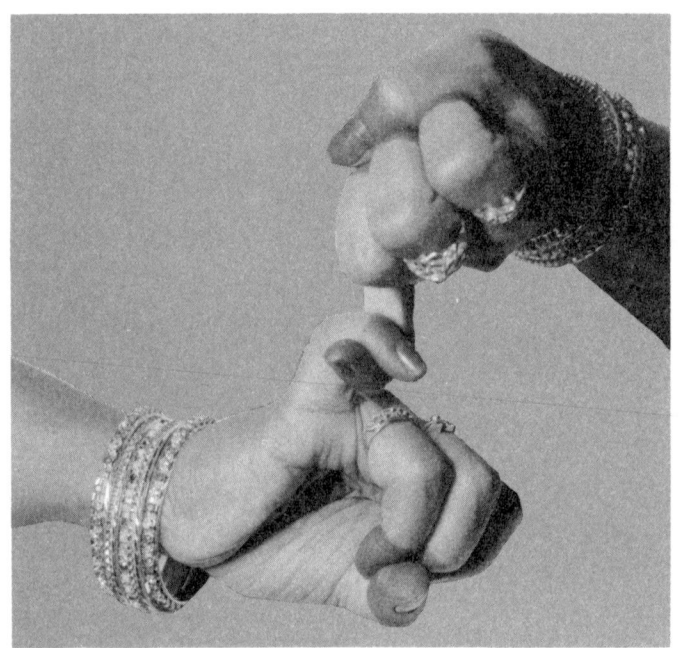

16. Kilaka (Bund)
    Zuneigung, scherzhaftes Reden (von Verliebten)

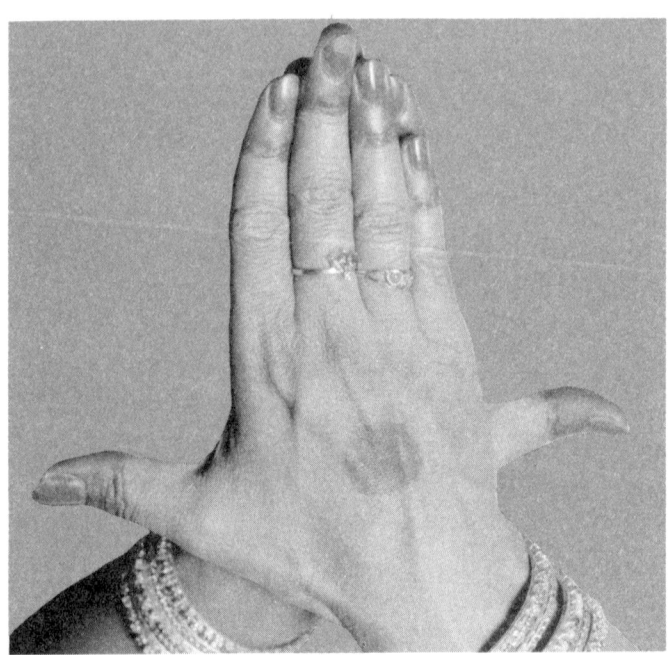

17. Matsya (Fisch)
    Fisch, Symbol für die erste Inkarnation Vishnus (als Fisch)

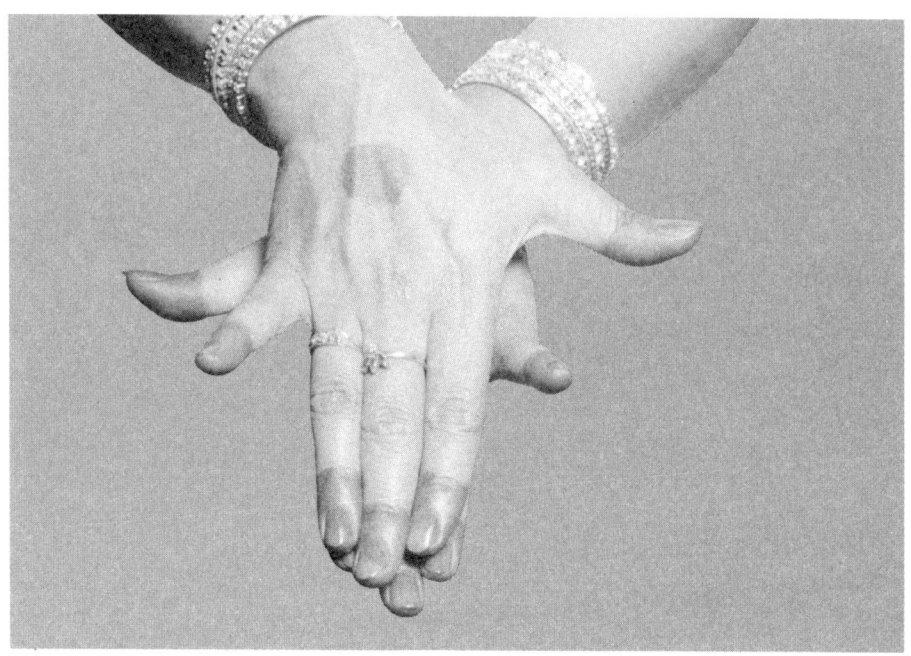

18. Kurma (Schildkröte)
   Schildkröte, Symbol für die zweite Inkarnation Vishnus (als Schildkröte)

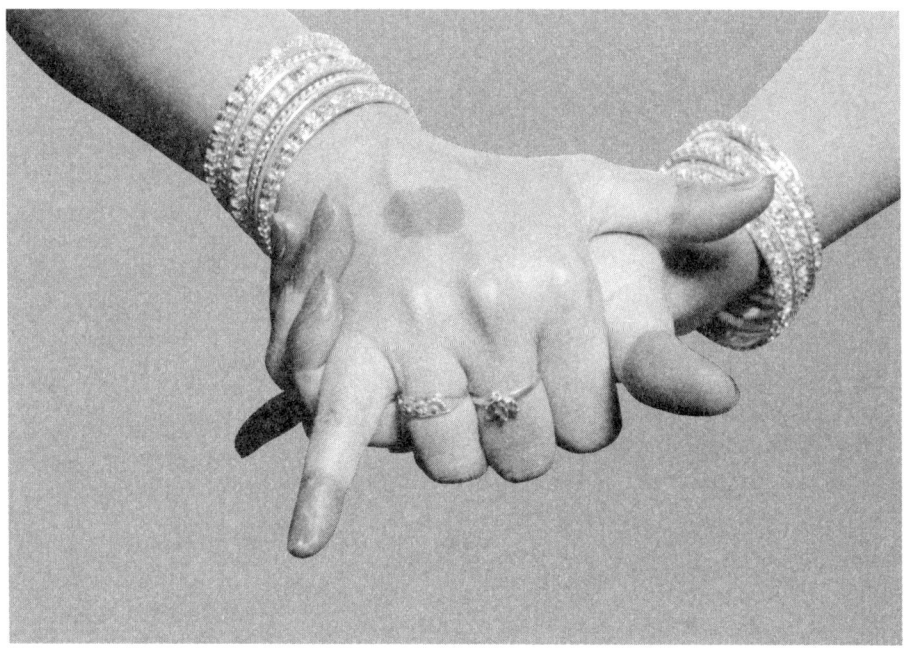

19. Varaha (Eber)
   Eber, Symbol für die dritte Inkarnation Vishnus (als Eber)

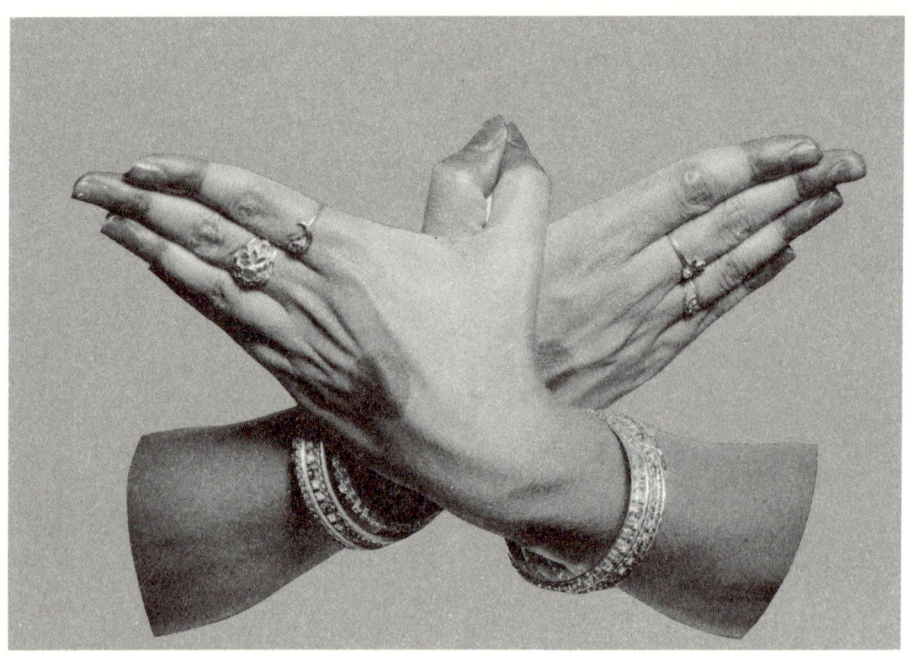

20. Garuda (Mythologischer Vogel)
    Garuda, das Reittier des Vishnu

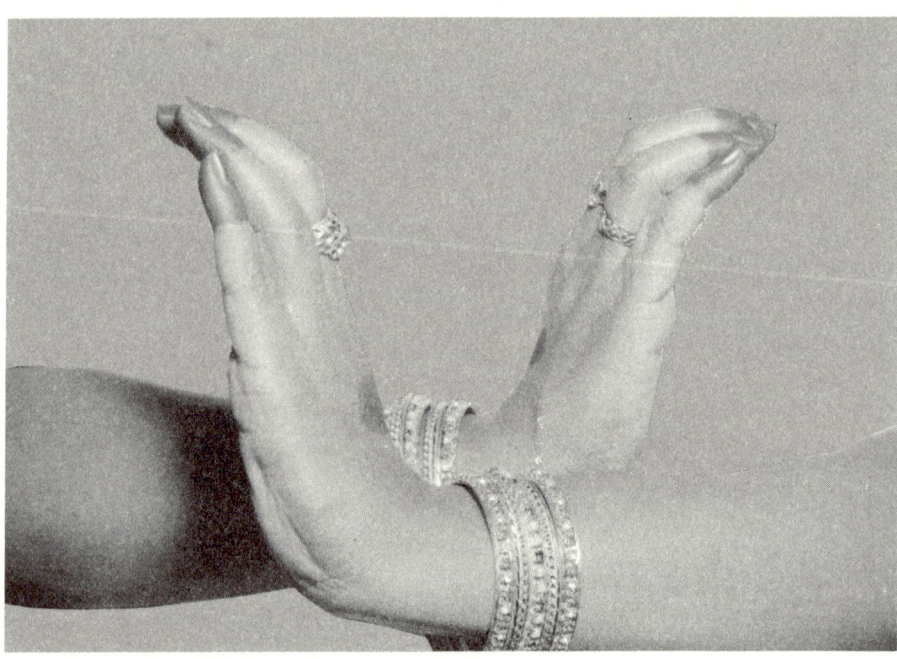

21. Nagabandha (verbundene Schlangen)
    Verbundene Schlangen

172

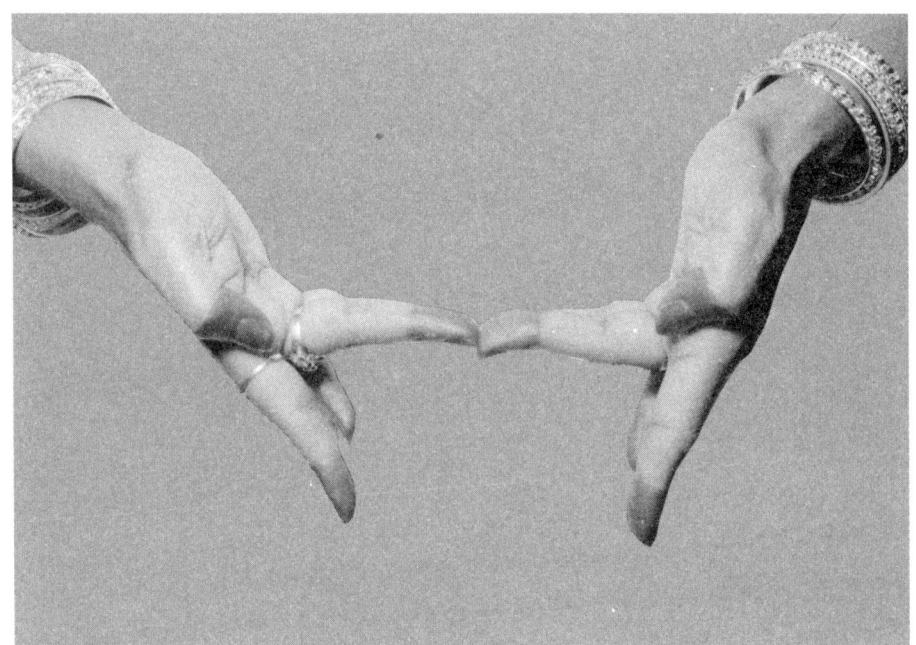

22. Khatva (Bett)
    Bett, Sänfte

23. Bherunda (Mythologischer Vogel mit zwei Köpfen)
    Bherunda-Vogel, zwei Vögel

173

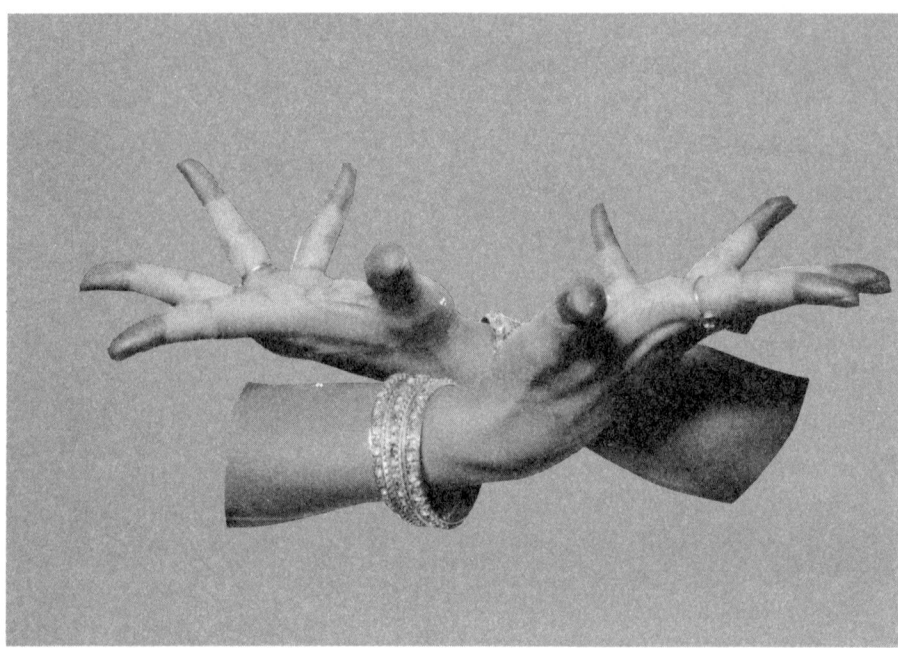

24. Avahittha (Begierde)
   Erotischer Tanz, Begierde

Viele dieser Handgesten mögen dem Nichtinder sehr abstrakt oder gar rät-
selhaft vorkommen. Doch wie bereits früher erwähnt, sind sie ursprünglich
ganz einfach aus dem Leben gegriffen worden. Die Sprache der Inder ist sehr
gestenreich und lebendig. So werden heute noch einige Handgesten mit der
richtigen, das heißt mit der im Tanz vorkommenden Bedeutung gebraucht,
wie beispielsweise Chatura um »ein wenig« anzuzeigen, eine Geste, die oft
auf dem Marktplatz zu beobachten ist, oder Alapadma, um eine Frage zu
unterstreichen und Suchi um die Zahl Eins anzuzeigen.

Handgesten zur Darstellung von Göttern

Neben zahlreichen Handgesten, wie beispielsweise denen, mit denen man einen Verwandtschaftsgrad anzeigt, jenen für Familienangehörige, für die Planeten, die zehn Inkarnationen Vishnus und so weiter, sind die Handgesten zur Darstellung der Götter besonders wichtig, weil sie oft im Tanz gebraucht werden.

Brahma: Linke Hand in Chatura, rechte Hand in Hamsasya

Shiva: Linke Hand in Mrigashirsha, rechte Hand in Tripataka

Vishnu: Beide Hände in Tripataka

Lakshmi: Beide Hände in Kapittha

Ganesha: Beide Hände in Kapittha

Karttikeya: Linke Hand in Trishula, rechte Hand in Shikhara

Manmatha: Linke Hand in Shikhara, rechte Hand in Katakamukha

Indra: Beide Hände in Tripataka mit Swastika

Agni: Linke Hand in Kangula, rechte Hand in Tripataka

Yama: Linke Hand in Pasha, rechte Hand in Suchi

Nirrthi: Nacheinander beide Hände in Khatra und Shakata

Varuna: Linke Hand in Pataka, rechte Hand in Shikhara

Vayu: Linke Hand in Ardhapataka, rechte Hand in Arala

Kubera: Linke Hand in Alapadma, rechte Hand in Mushti

Handgesten im Nritta oder reinen Tanz

Nicht alle Handgesten, die im Abhinaya, dem Ausdruckstanz gebraucht werden, kommen auch im Nritta, dem reinen Tanz, zur Anwendung. Die Hasta Mudras im Nritta werden ausschließlich ihres ästhetischen Ausdrucks wegen verwendet. Die Bewegungen beginnen immer entweder mit einer Geraden nach oben, unten, nach rechts, links oder nach vorne.

Die Hasta Mudras im Nritta sind: Pataka, Tripataka, Kartarimukha, Kappita, Katakamukha, Alapadma und Shikhara sowie Anjali, Swasika, Katakavardhana, Pasha, Kilaka, Dola und Avahittha.

4. Fuß- und Beinhaltungen *(Pada Bhedas)*

Bis jetzt haben wir besonders das Formen der Gesichtsausdrücke (Mukhaja-Abhinaya) und die Bedeutung der Handgesten (Hasta Mudras) behandelt. Neben diesen besitzt das Fußwerk im Bharata Natyam eine ungemein große Bedeutung. Eigentlich ist das Fußwerk primärer Natur, denn die Bewegungen der Hände und Nebenglieder folgen immer den Bewegungen der Füße, das heißt dem Gang. Das Fußwerk bestimmt also die grundlegenden Bewegungen der Tänzerin. Das Natyashastra sagt dazu: „Gemäß der Wichtigkeit entweder der Handgesten oder des Ganges oder dieser beiden zusammen, sollten die Hände sich mit den Füßen bewegen, ihnen folgen oder diese begleiten."

Die Bewegungen der Füße, Waden, Oberschenkel und Hüften bestimmen natürlicherweise die Bewegungen des ganzen Körpers. Diese Bewegungen unterhalb der Hüfte werden *Chari* genannt. Die einzelnen Körperhaltungen die damit eingenommen werden heißen *Stanaka*. Die Fußbewegungen (*Pada Bheda*) werden demgemäß in Bewegungseinheiten (Chari) und in Ruheeinheiten (*Stanaka*) eingeteilt.

Zum Bereich von *Chari* gehören: Sprünge (*Utplavana Bheda*), Drehungen und Pirouetten (*Bhramari Bheda*) und verschiedene Gangarten (*Ghati Bheda*).

Zum Bereich von Stanaka gehören: *Mandala* und *Stanaka Bheda*. *Mandala* heißt wörtlich Kreis. Mit Mandala werden Gruppen von Versen oder wie hier Körper oder Fußpositionen bezeichnet. In Mandala werden zehn Positionen beschrieben.

1. Stanaka
Ruhepose; Füße in Samapada Seite an Seite, Hände in Ardhachandra an den
Hüften.

2. Ayata
Füße ca. 90° angewinkelt und Körper in Halbhocke (wie Ardha Mandali).

3. Alida
Schrittpose des Bogenschützen mit rechtem Bein als Standbein; linke Hand
in Shikhara, rechte Hand in Katakamukha Hasta Mudra.

4. Pratyalidha
Wie Alida, jedoch Füße im Wechsel begriffen, das heißt in schreitender
Position.

5. Prenkana
Ein Fuß wird aufrecht neben die Ferse des anderen plaziert.

6. Prerita

Dynamische Pose, bei welcher ein Fuß kraftvoll auf die Erde gesetzt und der
andere gestreckt hinter diesen plaziert wird; das Knie des vorderen
oder Standbeines ist gebeugt, gestreckte Hand in Pataka, andere Hand in
Shikhara Hasta Mudra vor der Brust.

7. Swastika

Der rechte Fuß wird gekreuzt neben den linken Fuß (Standbein) plaziert; die
Hände liegen in Swastika Hasta Mudra an der linken Schulter.

8. Motita
Fersensitz auf den Zehen balancierend, beide Kniespitzen berühren abwechselnd den Boden.

9. Samasuchi
Beide Fußspitzen und beide Knie berühren den Boden.

10. Parshwasuchi

Auf den Fersen sitzend, berührt ein Knie den Boden.

11. Visamasuchi

Das Bharatarnava gibt diese zusätzliche Haltung an, bei der beide Knie und Fußspitzen den Boden berühren, indem das eine Knie nach vorne, das andere nach hinten gestreckt wird.

Stanaka Bheda

In Stanaka werden sechs Positionen beschrieben. Das Bharatarnava gibt zwei zusätzliche Positionen an, nämlich Vaishnava und Shaiva.

1. Samapada
Ruhepose; Füße in Samapada Seite an Seite, Hände in Ardhachandra an den Hüften.

2. Ekapada
Auf einem Fuß stehend wird der andere Fuß an das Knie des Standbeines
gelegt.

3. Nagabandha
Beine gekreuzt, auf den Zehen stehend, Hände in Nagabandha Hasta Mudra.

4. Aindra (ohne Abbildung)
Ein Bein wird leicht gebeugt, das andere angewinkelt und seitlich erhoben. Dies ist die Haltung Indras. Diese Haltung ist ähnlich wie Ekapada. Der erhobene Fuß wird jedoch eine Handbreit neben dem Standbein oberhalb des Knies plaziert.

5. Garuda

Das vordere Bein in der Alida-Pose wird gebeugt, die Arme werden wie Flügel
seitwärts ausgestreckt.

6. Brahma

Kreuzsitz bei welchem die Füße beider Beine jeweils auf dem gegenüber-
liegenden Oberschenkel zu ruhen kommen (in der Yoga-Literatur als
Padma Asana bekannt). Dies ist die Pose der Meditation.

7. Vaishnava
Auf einem Fuß stehend wird der andere gekreuzt auf den Zehen daneben
gestellt. Dies ist die Haltung Shri Krishnas.

8. Shaiva

Auf einem Bein stehend wird das andere quer über das Knie des Standbeines erhoben. Dies ist die Haltung Shiva Natarajas.

Utplavana Bhedas (Sprünge)

Gemäß Abhinaya Darpana gibt es fünf verschiedene Sprungarten:
Alaga (Sprung mit beiden Füßen gleichzeitig), Kartari (Scherensprung), Ashva (Pferdesprung), Motita (seitlicher Kreuz- oder Scherensprung), Kripalaya (wechselseitiger Sprung).

Bhramari Bhedas (Drehbewegungen)

Nach Abhinaya Darpana gibt es sieben verschiedene Drehbewegungen oder Pirouetten:
Utpluta (Drehbewegung aus der Samapada-Position), Chakra (Mehrfachpirouette), Garuda (Drehung auf der Fußspitze in Garuda-Position), Ekapada (Drehung auf einem Fuß), Kunchita (Drehbewegung mit gebeugten Knien), Akasha (Pirouette mit Sprung in die Luft), Anga (Drehbewegung in Sequenzen).
Die am meisten angewendete Drehbewegung im Bharata Natyam ist Ekapada.

Ghati Bhedas (Gang)

Das Abhinaya Darpana beschreibt zehn Arten des Ganges: Hamsi (Schwanengang), Mayuri (Pfauengang), Mrigi (Rehgang), Gajalila (Elefantengrazie), Turangini (Pferdegang), Simhi (Löwengang), Bhujangi (Schlangengang), Manduki (Froschgang), Vira (der heroische Gang), Manavi (der menschliche Gang).

Es würde zu weit führen, gäben wir hier eine Beschreibung jedes Sprunges, jeder möglichen Drehbewegung und jeder Gangart. Zudem wäre dies für den Tanzinteressierten kaum von praktischem Nutzen, da viel zu abstrakt. Um das alles zu erlernen, ist das Studium bei einem kompetenten Lehrer nötig. Nur er vermag durch seine Erfahrung die Zusammenhänge und genauen Anwendungen aller Einzelheiten zu überschauen und darzulegen. Mündliche Überlieferung ist dabei oft viel wichtiger als alles Bücherwissen.

Nritta-Pose aus dem Periya-Adavu

Kapitel VI

Die Musik im Bharata Natyam

1. Vom Ursprung der Musik

Im Natyashastra heißt es, daß Brahma, der Schöpfer, die Musik dem Sama-Veda entnahm. – Was heißt das?

Die Vedas bestehen aus rezitativen Gesängen, von denen man sagt, daß sie durch innere Schau (meditative Kognition) entstanden sind. Von all diesen Gesängen hören sich jene des Sama-Veda am melodischsten an. Tatsächlich ist in ihnen bereits die Siebener-Tonreihe der Oktave enthalten, die im Natyashastra erwähnt wird.

Es wird deshalb angenommen, daß der Gesang und die Melodie überhaupt aus den rituellen Gesängen des *Sama-Veda* (Saman-Gesänge) abgeleitet wurden. Im Natyashastra heißt es, daß die Ghandarven, die himmlischen Musiker, diese Gesänge von den Rishis übernommen und die eigentliche Struktur der Musik gebildet hätten.

Die Saman-Gesänge sind äußerst differenziert und enthalten bereits Anzeichen von Rhythmus, wenngleich sie auch ein eher sphärisches Lautmuster aufweisen. In kosmische Erkenntnis versunken, haben die Rishis (Seher) dem Universum seine Melodie entnommen, woraus dann eine feste Struktur entstanden ist, die dem Menschen wieder etwas von jenem seligen Empfinden vermittelt, das durch eine solche kosmische Schau entstanden sein muß.

Wie auch immer sich die Musik von ihrem Ursprung aus entwickelt hat, eines ist sicher: Kaum eine Kunstform hat den Menschen seit Urgedenken derart in ihren Bann gezogen wie die Musik.

2. Die karnatische Musik

In Indien wird zwischen der nordindischen Hindustani-Musik und der südindischen karnatischen Musik unterschieden. Der Ursprung der karnatischen

Musik geht bis in die Anfänge der südindischen drawidischen Kultur vor mehr als zweitausend Jahren zurück.

Die Entwicklung der karnatischen Musik ist sehr eng mit der des klassischen südindischen Tanzes verknüpft. Die heutige Tala- und Raga-Struktur der karnatischen Musik hat sich gleichzeitig mit der Herausbildung des klassischen Tanzes geformt. Tatsächlich wird sogar angenommen, daß die höchst komplexe Struktur des südindischen Rhythmussystems (Tala) erst durch den Einfluß des Tanzes möglich wurde. Einen Hinweis darauf gibt uns selbst die Bezeichnung *Tala*, die vom männlichen und weiblichen Aspekt des Tanzes *Tandava* (*Ta*) und *Lasya* (*La*) abgeleitet wird.

Die Gesetzmäßigkeiten der südindischen oder karnatischen Musik sind identisch mit jenen der Musik im südindischen klassischen Tanz. Alle Charakteristika und Besonderheiten der karnatischen Musik treffen deshalb auch für die Musik im Bharata Natyam zu. Ein Unterschied jedoch besteht. Tanzkompositionen sind durchweg feste Kompositionen ohne Möglichkeit musikalischer oder tänzerischer Improvisation bei ihrer Darbietung.

Die Gliederung der karnatischen Musik

In der karnatischen Musik wird zwischen bereits komponierten Stücken, den festen Kompositionen oder *Kalpita Sangitas* und den spontanen Kompositionen oder *Manodharma Sangitas* unterschieden.

Die spontanen Kompositionen werden in vier Bereiche gegliedert.

1. *Alpana Ragas*, das heißt Kompositionen ohne eigentlichen Rhythmus.
2. *Madhyamakala* oder *Tana Gana*, das heißt Kompositionen mit wahrnehmbarem Rhythmus.
3. *Pallavi* (vergl. Kapitel VIII) besitzen einen definierten Tala mit festem Rhythmusmaß.
4. *Kalpana Svaras* sind Gesangsstücke, die zu einem Pallavi gesungen werden und ein festes Versmaß besitzen (in Übereinstimmung mit dem Tala-Metrum).

Diese vier Musikarten werden als Kunstmusik bezeichnet. Daneben gibt es noch eine als heilige Musik (*Vaidika Ganam*) bezeichnete Art. In dieser kommt besonders die Hingabe an Gott zum Ausdruck. Der Text spielt darum dort eine große Rolle. Die reinen Ausdruckstänze *Padam* (vergl. Kapitel VIII) gehören zum Vaidika Ganam der karnatischen Musik.

Der Raga

Raga bedeutet eigentlich *Farbe*, wird jedoch einfachheitshalber oft mit *Melodie* übersetzt. Der Raga in der indischen Musik ist jedoch weit mehr als nur Melodie. Genauso wie der Bhava im Tanz seine Rolle als übertragendes Element für eine Stimmung und ein Gefühl besitzt, kommt dem Raga diese Bedeutung in der Musik zu. Auch hier spricht man vom musikalischen Sinnesgenuß als Erfahrung eines Rasa.

Ragas sind spezifische Tonfolgen, die beim Zuhörer eine bestimmte Stimmung und Gefühlsregung auslösen, entsprechend den neun Rasas des Tanzes. Es gibt Ragas, die am Morgen gespielt werden sollten und wieder andere für die Mittags- oder Abendzeit. Den Ragas spricht man auch eine große Wirkung auf die Tier- und Pflanzenwelt und die Naturkräfte zu. So sollen bestimmte Ragas selbst Schlangen aus ihren Löchern hervorlocken oder das Einsetzen von Regen bewirken.

Im Gegensatz zur klassischen europäischen Musik, bei der die Stimmung im Verlauf eines Stücks mehrmals wechselt, konzentriert sich die indische Musik jeweils auf einen einzigen Stimmungszustand. Der Raga in der Tanzmusik betont die Grundstimmung des Tanzthemas und verleiht ihm dadurch größere Wirksamkeit.

Ein Raga ist eine Melodieskala, die aus einzelnen Noten (*Swaras*) besteht, denen ein besonderer Charakter und emotionaler Gehalt zugeordnet wird. Er setzt sich in der Regel aus je fünf bis neun in der Notenskala auf- und absteigenden Tonfolgen (*Arohan* und *Avarohan*) zusammen. Einige Swaras im Raga sind unveränderlich (*Sama-Vadi*), andere veränderlich (*Vadi*). Die Stimmung oder Bhava des Ragas wird durch den Charakter von Vadi und Sama-Vadi der Swaras bestimmt.

Die Klangwirkung des Ragas beruht zudem auf der Beziehung zwischen aufeinanderfolgenden Melodietönen und auf den Intervallen, die die Melodietöne mit dem Grundton bilden.

Jeder Raga beginnt mit dem Grundton *sa*, der in der westlichen Notation dem c entspricht. Obwohl die indische Notenskala in etwa der westlichen entspricht, kennt man in Indien keine absolute Tonhöhe und feste Temperierung. Der Grundton kann deshalb je nach Möglichkeiten des Sängers oder des Instruments in seiner Höhe leicht variieren.

Die indische Notenskala und ihre westliche Entsprechung sehen wie folgt aus:

Indische	Sa	Ri	Ga	Ma	Pa	Dha	Ni
Westliche	c	d	e/es	f/fis	g	a	h/b

Die Oktave wurde in Indien in 22 Intervalle (*Shrutis*) unterteilt. Sie erlauben eine feine und vielfache Variation und geben der indischen Musik ihren typischen schnörkelhaften Charakter. Der Raga ermöglicht deshalb eine reiche Improvisation, durch die sein Melodiegefüge variiert und verziert werden kann.

Der Ursprung der Ragas geht sehr weit zurück. Bereits das Natyashastra erwähnt 14 Basis-Melodiestrukturen. Diese werden dort noch *Jatis* und *Murchhanas* genannt. Im 12. Jahrhundert nennt Sarangadeva in seiner *Sangitaratnakara* schon die beachtliche Zahl von 264 Ragas.

Heute unterscheidet man 72 Grundragas (*Melakartas*), von denen sich Hunderte von weiteren Ragas (*Janya Ragas*) ableiten lassen. In Südindien sind davon etwa 300 Ragas im Gebrauch. Die meisten dieser heute gebräuchlichen Ragas gehen auf die berühmten Musiker und Komponisten des 17. Jahrhunderts zurück.

Der Tala

Mit *Tala* wird die *Takt- und Rhythmusstruktur* der indischen Musik bezeichnet. Das rhythmische System der karnatischen Musik ist in höchstem Maße durchdacht und verfeinert, so daß sogar eine Aufzeichnung desselben möglich ist. Nirgendwo auf der Welt wurde die Theorie der Rhythmik derart ausgebaut und ihre Praxis zu solcher Perfektion gebracht wie in Indien.

Bei solchen Unterschieden von West und Ost drängt sich eine Gegenüberstellung geradezu auf. Im Gegensatz zur westlichen Musik beschränkt sich der Tala keineswegs auf den Takt, sondern liefert einen Rhythmus mit reicher Ornamentierung und Verzierung. Der westliche Rhythmus ist aus dem Gleichschritt des Marschierens entstanden und verläuft deshalb linear, wogegen der indische aus dem Tanz hervorgegangen und darum zyklisch ist. Die Schrittkombinationen im Tanz sind in einem festen Metrum gehalten. Dies ergibt einen Zyklus, der wieder im Tala zum Ausdruck kommt.

Der indische Tala-Rhythmus erlaubt eine reiche Verzierung und Differenzierung des Taktes, ohne daß dafür zusätzliche oder mehrteilige Rhythmusinstrumente nötig sind. Im Gegensatz zu den westlichen Takt-Variationen, die insbesondere durch die unterschiedliche Häufigkeit der Schläge innerhalb einer Taktsequenz hervorgerufen werden und meistens auf einem einfachen Taktmuster ohne strenge Sequenzregelung beruhen, besteht der südindische Tala aus einer festen Rhythmussequenz, die je nach Tala aus einer Anzahl von verschiedenwertigen Schlägen besteht. Jedes Musikstück besitzt neben dem Raga einen ganz bestimmten passenden Tala. Durch die Verschiedenwertigkeit seiner Schläge und die zum Teil ungewöhnlichen Taktmaße wie Fünfer- Siebner- und Neunertakt erhält der Tala einen reichen Variationsspielraum und eine starke rhythmische Ausdruckskraft.

Jedes Taktgefüge (Tala) setzt sich aus einer bestimmten Anzahl verschiedenwertiger Schläge zusammen, die sich in ihrer bestimmten Anordnung immer wiederholen. Der Musiker hat jedoch die Freiheit, diese feste Gliederung mit verzierenden Trommelschlägen zu ornamentieren, ähnlich den Möglichkeiten, die der Musiker im Raga besitzt. Jeder Rhythmusschlag kann zudem in halbe und viertel Schläge aufgeteilt werden.

Dem Rhythmus werden zehn Attribute gegeben, von denen die folgenden sechs besonders wichtig sind:

Kria
ist die Aktivität, durch die ein Rhythmus mit der Hand gebildet wird und besteht aus:
einem Schlag mit der flachen Hand;
dem anschließenden Abwenden der Hand (Leerschlag);
dem Zählen der Taktwerte (Matras) mit den Fingern.

Anga
Angas sind die verschiedenen Glieder, aus denen ein Rhythmuszyklus bestehen kann.
Anudruta: Anudruta besteht aus einer Silbe (Akshara) und wird mit einem Schlag der flachen Hand gebildet.
Druta: Druta besteht aus zwei Silben (Aksharas), die mit einem Schlag der flachen Hand und dem anschließenden Abwenden der Hand gebildet werden.
Laghu: Laghu besteht aus vier Silben (Aksharas), die mit einem Schlag der flachen Hand und dem anschließenden Zählen der Taktwerte gebildet werden.

Im südindischen Talasystem unterscheidet man heute sieben Grundtalas. Jeder dieser Talas besitzt eine feste Gliederung, das heißt Reihenfolge der vorhin erwähnten Angas:

Tala	Anga
1. Druva	Laghu, Druta, Laghu, Laghu
2. Matya	Laghu, Druta, Laghu
3. Rupaka	Druta, Laghu
4. Jampa	Laghu, Anudruta, Druta
5. Triputa	Laghu, Druta, Druta
6. Ata	Laghu, Laghu, Druta, Druta
7. Eka	Laghu

Jati

Der Jati gibt den Taktwert an, mit dem das Laghu ausgestattet ist. Die fünf Jatis des indischen Rhythmus besitzen demnach einen Taktwert von entweder drei, vier, fünf, sieben oder neun.

Die Talastruktur wird am folgenden Beispiel verdeutlicht.

Druva Tala

Jati	Takt-wert	Anga				Matras
		Laghu	Druta	Laghu	Laghu	
1. Tishra	3	3	2	3	3	11
2. Chaturasra	4	4	2	4	4	14
3. Khanda	5	5	2	5	5	17
4. Misra	7	7	2	7	7	23
5. Sankirna	9	2	2	9	9	29

Druta ist immer konstant und hat hier in jedem Jati zwei Takt- oder Zählwerte. Laghu variiert entsprechend dem Jati und enthält beispielsweise in Tishra Jati jeweils drei Zählwerte.

Druva Tala in Tishra Jati besteht aus einem Schlag und zwei Zählwerten, wieder einem Schlag und einem Zählwert beim Abwenden der Hand und nochmals zweimal je einem Schlag und zwei Zählwerten. Dies ergibt einen Rhythmus von insgesamt elf Taktwerten oder Matras mit vier betonten Rhythmusschlägen.

So werden in der karnatischen Musik die Rhythmuszyklen oder -sequenzen geformt. Aus den sieben Talas und fünf Jatis lassen sich so 35 Talas bilden.

Gati

gibt die Länge (Dauer) des Taktes an. Es entspricht der Klassifikation eines Jati und bezeichnet die Dauer von drei, vier, fünf, sieben oder neun Zeitwerten.

Jeder Jati eines Talas kann mit einem Gati kombiniert werden, worauf eine Dehnung des vorherigen Talas entsteht und die Taktwerte entsprechend unterteilt werden. Dies ergibt dann einen neuen Tala. Auf diese Weise lassen sich von den 35 Grundtalas weitere 175 Talas ableiten, so daß wir auf eine Summe von 210 Talas kommen. Eine weitere Unterteilung wäre theoretisch noch möglich, jedoch kaum von praktischem Nutzen.

Graha

ist der Startpunkt eines Talas in Bezug zum Beginn eines Liedes. Es gibt den Punkt des Talas an, an dem der Gesang beginnt.

Laya

gibt das Tempo des Talas an. Jeder Tala kann in den drei Tempi *Milambita* (langsam), *Madhya* (mittel) und *Druta* (schnell) gespielt werden.

Mit dem südindischen Tala-System lassen sich alle nur erdenklichen Rhythmusstrukturen formen. Selbst westliche Musik, die sich an ein festes Rhythmusmaß hält, kann nach diesem System verifiziert werden.

Die Bedeutung von Raga und Tala im Tanz

Wir haben bereits erwähnt, daß jeder Raga im Tanz eine direkte Beziehung zur Grundstimmung des Tanzstückes, also seiner Thematik hat. Der Raga ist aber nicht an die Wahl der Jatis im Tanz gebunden, ganz im Gegesatz zum Tala, der untrennbar mit den Jatis verknüpft ist und genau mit dem Versmaß des Liedes und den Schrittfolgen der Jatis übereinstimmen muß.

Zudem müssen die Talas besonders im Abhinaya mit großer Sorgfalt ausgewählt werden, so daß die Stimmung des im Tanz zum Ausdruck kommenden Themas nicht verdrängt, übertönt oder vernachlässigt wird. Tänze mit temperamentvollem Inhalt benötigen einen Tala mit schnellen Rhythmusschlägen, ein Tanz mit traurigem Inhalt einen mit langsamem Rhythmus.

Man kann deshalb durchaus sagen, daß auch der Tala eine gewisse Grundstimmung vermittelt, die bei der Komposition eines Tanzes berücksichtigt werden muß.

Sowohl Raga als auch Rhythmus spielen im Tanz eine große Rolle und müssen korrekt behandelt werden, um seine Stimmung nicht zu verderben. In früheren Zeiten sind deshalb besonders aufgrund von außergewöhnlichen Tänzen ganz besondere Talas entwickelt worden, die heute nicht mehr oder nur äußerst selten in Gebrauch sind. Einige von ihnen unterscheiden sich wesentlich von den heutigen Talas.

3. Die Musikinstrumente im Bharata Natyam

Die karnatische Musik unterscheidet sich in einigen Punkten deutlich von der Hindustani-Musik. Ihr wesentliches Merkmal ist der ausgeprägte Rhythmus. Zudem werden die Ragas reiner gespielt, indem die Übergänge von Note zu Note, auch wenn nur eine Viertelnote Unterschied besteht, klar abgegrenzt werden, nicht wie in der Hindustani-Musik, wo sie fließend ineinander übergehen. Diese Eigenart verleiht der südindischen Musik ein eigenwilliges Lautmuster. Diese Besonderheiten sind auch dem Bharata Natyam eigen.

Für den Tanz werden im allgemeinen drei Instrumente verwendet: der *Mridangam* für den Rhythmus, das *Tanpura* zur Erzeugung des Grundtones und ein zusätzliches Instrument zur Untermalung der Melodie, wie zum Beispiel die Flöte, Violine oder *Vina*.

Der Mridangam
ist eine doppelseitige zylindrische Trommel; er wurde ursprünglich aus Ton hergestellt. Seit einigen Jahrzehnten wird er aber aus Holz gefertigt: Er besteht aus einem Stück, das ausgehöhlt und beidseitig mit Fell bezogen wird. Die eine Seite wird nach dem Grundton des Tanpura gestimmt.

Der Mridangam gehört zu den ältesten Musikinstrumenten Indiens; er taucht bereits im dritten vorchristlichen Jahrtausend auf. Er wird in waagrechter Lage mit den Fingern beider Hände gespielt.

Das Tanpura
Die indische Musik basiert auf der Sa-Notenskala, die etwa der westlichen C-Dur-Tonleiter entspricht. Da das indische c (Sa) jedoch variabel ist, benötigt man das Tanpura, um dem Musiker durch einen summenden, vibrieren-

Mridangam

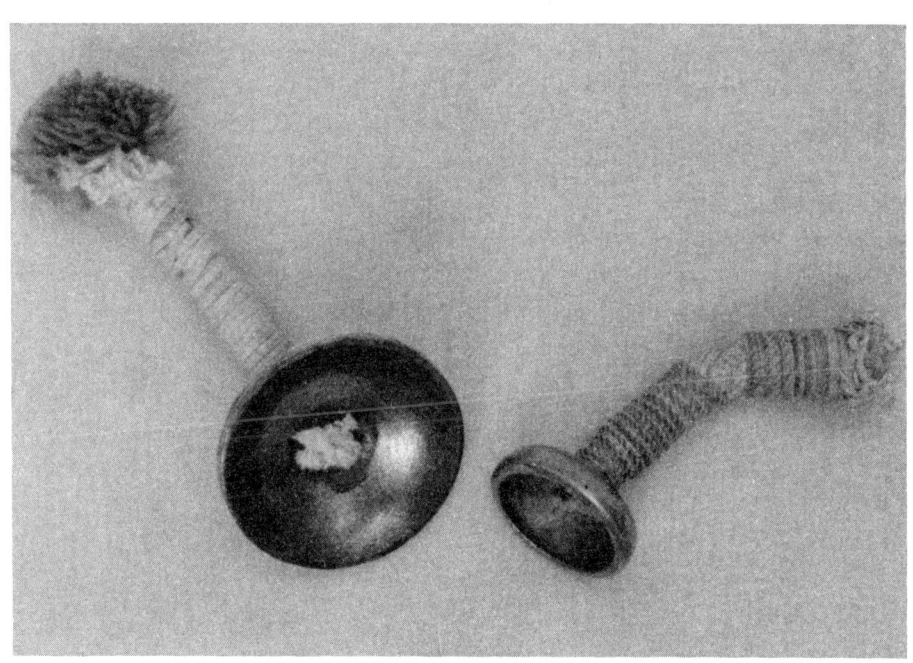

Zimbeln

205

den Grundton die Möglichkeit zu geben, sein Raga dieser Tonlage entsprechend zu fixieren. Der gleichmäßige Grundton des Tanpura erklingt darum während des ganzen Musikstücks. Er wird auf vier Saiten entwickelt, die nacheinander mit einer streichenden Bewegung gezupft werden.

Die Bambus-Querflöte

entstammt ursprünglich der Volksmusik. Durch die Epen des Mahabharata wurde sie zum Symbol Krishnas und hat damit langsam Einzug in die klassische Musik gehalten. Obwohl sie in ihrer Ausführung sehr einfach ist, kann sie überaus virtuos gespielt werden; sie besitzt einen zarten, zauberhaften Klang. Die Bambusflöte ist das meistverwendete Begleitinstrument für den Tanz.

Die Vina

ist das führende Saiteninstrument in Südindien. In der Mythologie wird sie Sarasvati, der Göttin der Musik und Poesie, zugeordnet. Die Vina war ursprünglich eine Stabzitter, die dann vor mehr als tausend Jahren ihre heutige Form erhielt. Sie besitzt vier Spielsaiten und drei Rhythmussaiten, die seitlich angeordnet sind. Ihre vierundzwanzig festen Messingbänder sind halbtonweise angeordnet. Durch seitliches Verschieben der Saiten kann die Tonhöhe vielfältig variiert werden. Im Vergleich zur nordindischen Sitar besitzt die Vina einen warmen, etwas dunkleren Klang. Sie ist ein typisches Hauptinstrument und wird darum heute für den Tanz seltener verwendet.

Die Violine

ist seit der Kolonialherrschaft ein fester Bestandteil der karnatischen Musik. Sie wird in sitzender Position am Boden (ähnlich wie ein Cello) gespielt. Die Violine ist als Begleitinstrument für den klassischen Tanz sehr beliebt.

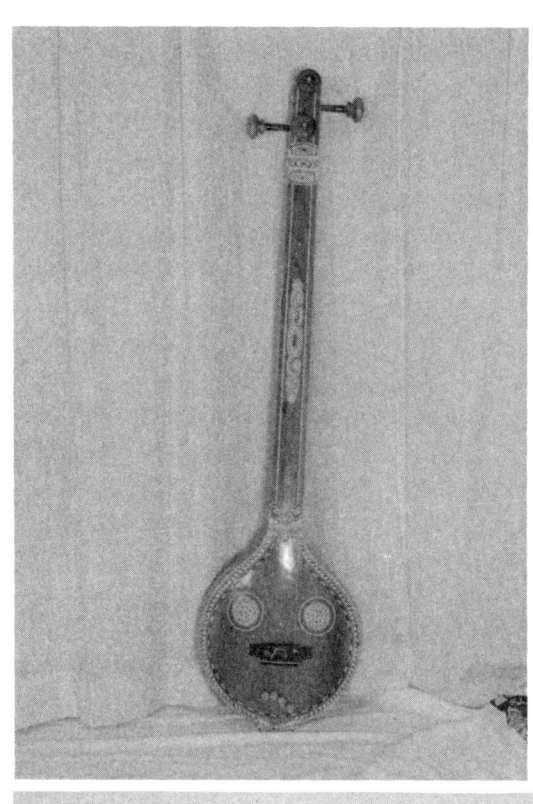

Tanpura

Bambus-Querflöte

Vina

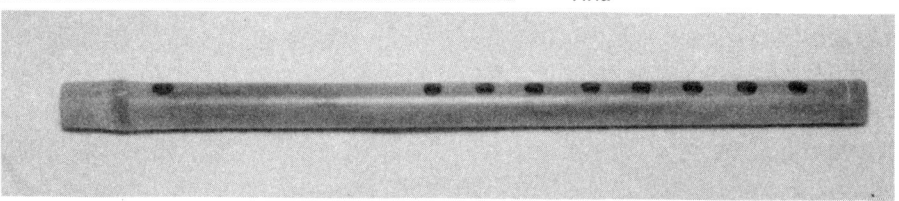

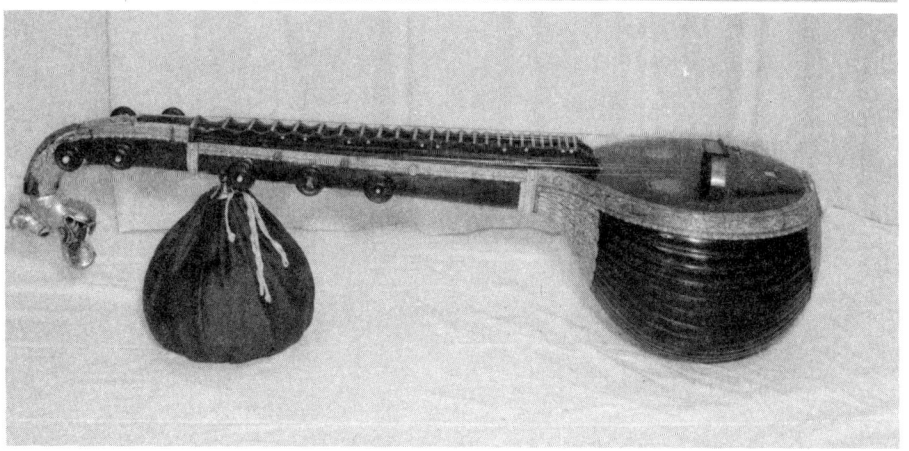

Nritta-Pose aus dem Shimir-Adavu

Kapitel VII

Das Erlernen des Bharata Natyam

Für den Inder war Tanz nie nur ein Ausdruck von Freude und ein Fest für das Auge. Nein, er war und ist heute noch weit mehr als das, nämlich ein subtiles und äußerst wirkungsvolles Mittel zur vollständigen Integration von Körper und Geist.

Der Bharata Natyam vereint in sich eine solche Vollkommenheit sowohl in seiner Theorie als auch in seiner Technik, in seiner Form und Aussage und in der Schönheit seiner Darstellung, daß er selbst als Mittel zur Perfektion, das heißt einer vollständigen Harmonie von Geist und Körper und damit von Denken und Handeln betrachtet wird.

Nirgendwo gibt es heute eine Tanzform, die in sich so vollständig und umfassend ist wie der Bharata Natyam. Es gibt kein Detail, und wäre es noch so klein, das nicht in seiner Anwendung, Aussage und Wirkung erforscht und schriftlich erfaßt ist. Nichts ist dem Zufall überlassen.

Der Bharata Natyam ist eine anatomisch genau kodifizierte Tanztechnik auf wissenschaftlicher Basis. Er bereitet in der Praxis nicht nur Vergnügen, sondern ist zudem eine äußerst gesunde Schulung für Körper und Geist. Seine Tanzhaltungen greifen auf die jahrtausendelange Erfahrung mit den Wirkungen von Yoga-Asanas auf den menschlichen Organismus zurück. Dadurch wird dem Körper eine schöne und anmutige Haltung verliehen und dem Geist Frische und Klarheit.

Dies erlebt ein Tanzschüler bereits zu Beginn seines Studiums.

Beachten wir all dies, so wird klar, daß nur ein authentisches Studium mit klassischer Lehrweise und Methodik es dem Studenten ermöglicht, ein solches Tanzstudium erfolgreich abzuschließen. Eine falsche Unterrichtspraxis und Übungsweise kann, wie es im Natyashastra angedeutet wird, negative Folgen für die geistige und körperliche Gesundheit des Ausübenden haben.

1. Voraussetzungen für ein Tanzstudium

Die körperlichen Voraussetzungen für die Beherrschung des Bharata Natyam sind Flinkheit, Geschmeidigkeit, Kraft und Ausdauer und ein Gefühl für Präzision sowie ein untadeliger, einwandfreier Instinkt für Zeit und Rhythmus. Gleichzeitig ist eine gewisse Leichtgewichtigkeit des Körpers für die Behendigkeit der Bewegungen notwendig. Über alles wichtig sind zudem ausdrucksvolle Gesichtszüge, um die inneren Emotionen in einer klaren Form ausdrücken zu können. Man mag nun hier im Westen denken, daß, um all dies zu besitzen, ein ausgesprochen angeborenes Talent notwendig sei. Dem ist aber nicht so. Natürlich ist ein gewisses Talent notwendig. Doch dies gilt für jede Kunst. Viele andere körperliche Fähigkeiten kann man aber erlernen. In Südindien zum Beispiel versucht man die Emotionen, die im Tanz ausgedrückt werden, erst zu verstehen, um sie dann in höchst vollendeter Form darstellen zu können. Nur so können sie vom Zuschauer als jenes große Erlebnis empfunden werden, das in der westlichen Kunst seinesgleichen sucht.

Es ist außerordentlich schwierig, den Bharata Natyam vom traditionellen Leben und Denken Indiens und von seiner Philosophie, Götterwelt und Mythologie zu trennen. Darum muß man ihn in seiner wirklichen und wahren Form studieren und sich aneignen, so wie die Tradition es festgelegt hat — in der Form eines Shastras. Ein Shastra ist eine Wissenschaft auf der Basis innerer Erkenntnis. Innere Erkenntnis und Selbstfindung sind in Indien integrierte Bestandteile des religiösen und philosophischen Denkens und seiner Anwendungsbereiche, zu denen auch Yoga gehört. Deshalb sollte diese Kunst nur von einem anerkannten Guru erlernt werden, der idealerweise die Verkörperung dessen ist, was er lehrt. Ein Guru ist weit mehr als nur ein Vermittler technischen »Know hows«.

2. Die Lehrer-Schüler-Beziehung

Jedes Studium einer traditionellen indischen Wissenschaft bewirkt zugleich eine innere Entfaltung der Persönlichkeit. Der Guru selbst ist durch einen solchen Bewußtseins-Reifungsprozeß hindurchgegangen. Aufgrund dieser eigenen Erfahrung vermag er den Schüler auf einfache Weise durch einen ebensolchen Prozeß hindurchzuführen. Als Symbol des beginnenden Studiums und des damit verbundenen Selbstverwirklichungsprozesses führt

210

der Lehrer am Anfang die Initiations-Zeremonie durch. Danach erst beginnt er die Aufgabe der spirituellen und der physischen Instruktion.

Ohne Lehrer kann kein neuer Lehrer entstehen, so wie kein Baum ohne den Samen eines vorherigen Baumes entstehen kann. In Indien sagt man:

»Der Guru ist immer der erste und der Schüler sein Nachfolger«. – Was heißt dies?

Ein gewöhnlicher Lehrer kann von seinem Schüler durchaus übertroffen werden, indem sich dieser die entsprechenden Kenntnisse aneignet; doch niemals ein Guru. Denn indem der Schüler in seinem Geiste wächst, wächst auch der Guru. Deshalb wird für ihn der Guru immer Lehrer bleiben, selbst wenn er als sein Schüler selber zum Lehrer für andere geworden ist. Nie wird deshalb ein Inder auf den Gedanken kommen, größer zu sein als sein Lehrer. Das ist der Grund, warum in Indien dem Lehrer oder Guru so viel Respekt entgegengebracht wird.

So wird aus dem Schüler ein Lehrer und aus seinen Schülern desgleichen. Auf diese Weise ist das traditionelle Wissen Indiens durch Hunderte von Generationen hindurchgegangen und konnte sich so in seiner ursprünglichen Form bis zum heutigen Tag erhalten.

Die Lehrer-Schüler-Beziehung ist eine sehr delikate Vertrauensbeziehung. Sie sollte rein und von einmaliger Natur sein. Der Lehrer sollte vorbildlich, streng und gütig sein. Der Schüler wiederum sollte »dem Lehrer dienen«, indem er begierig und mit voller Hingabe lernt.

Die Verantwortung eines Lehrers in der traditionellen indischen Lehrweise ist ungleich größer als dies bei der westlichen Schulmethode der Fall ist. Hier hat der Lehrer nur Fakten zu vermitteln. Seine Person kann deshalb beliebig oft gewechselt werden, ohne daß sich daraus nennenswerte Nachteile für die Bewältigung des Lehrstoffs ergeben. Nicht aber bei der indischen Lehrmethode. Dort hat der Guru zusätzlich die Aufgabe, den Schüler aus dem Dunkel der Unwissenheit ins Licht des Wissens zu führen. Das Wissen um die sichtbare und die unsichtbare Welt sind dort untrennbar miteinander verbunden. Der Lehrer braucht ein ungewöhnlich tiefes Einfühlungsvermögen und ein Verständnis für tiefere und feinere Zusammenhänge. Um die Voraussetzungen für eine zwischenmenschliche Beziehung zu schaffen, sollte sich der Schüler seinerseits innerlich öffnen. Dabei kommt der inneren Bereitschaft, das Vermittelte zu akzeptieren, eine große Bedeutung zu. Auf der Basis von Zweifeln kann kein Lehrgang erfolgreich sein. Ohne die Bereitschaft zu assimilieren wird jedes Studium fruchtlos bleiben.

Wissen kann also nicht aufgezwungen werden. Wenn sich die Hände nicht öffnen, kann nicht gegeben werden! Eine alte indische Weisheit sagt darum: »Wissen wird nicht gegeben, sondern immer genommen«. Dies bedeutet, daß ein Schüler, der nicht lern- und wißbegierig ist, seinem Lehrer keinen Anlaß gibt, Wissen zu vermitteln. Selbst wenn der Lehrer voll von Weisheit ist, wird der Schüler trotzdem leer ausgehen. Die Lehrer-Schüler-Beziehung ist also eine Beziehung von Geben und Nehmen.

3. Die Initiation

Das traditionelle Tanzstudium beginnt mit der Initiation. Dies ist eine kleine Einführungszeremonie von symbolischem Wert. Als Zeichen der Ehrerbietung überreicht hierbei der angehende Schüler dem Guru ein paar Gaben auf einem Teller: eine Kokosnuß, ein paar Früchte, Betelblätter und Betelnüsse sowie ein paar Räucherstäbchen, etwas Kampher, Kum-Kum-Pulver und Sandelpaste.

Die Kokosnuß und die Früchte sind Zeichen der Fruchtbarkeit und des Erfolgs. Das Studium soll sinngleich Früchte tragen. Die Kokosnuß versinnbildlicht zudem die materiellen äußeren Werte im Leben durch ihre Schale und die Frucht und die inneren oder geistigen Werte durch den Hohlraum in der Mitte sowie die göttliche Weisheit in Form der Milch, die die ganze Frucht durchdringt. Die Betelblätter und Betelnüsse haben eine desinfizierende Wirkung und versinnbildlichen den Läuterungsprozeß des Studenten. Der Kampher wird bei der Zeremonie verbrannt. In seiner weißen Form symbolisiert er Reinheit und in seiner Flamme körperliche und geistige Reinigung. Räucherstäbchen wiederum reinigen die Luft, und Sandelpaste hat, auf die Stirn aufgetragen, eine kühlende Wirkung und symbolisiert die Klärung und Abkühlung des Geistes. Das Kum-Kum-Pulver wird traditionsgemäß in Indien als Punkt auf die Stirn aufgetragen. Dieser hat mehrere Bedeutungen. Er ist sowohl Zeichen der Fruchtbarkeit (rund wie ein Ei) als auch ein Symbol für die innere makellose Qualität jedes Menschen, indem er das geistige (heilige) Auge andeutet. Nicht zuletzt aber ist er ganz einfach ein Zeichen der Schönheit für die Frau.

Der Guru nimmt diese Gaben, *Guru-Dakshina* genannt, entgegen und erteilt dem angehenden Schüler seinen Segen. Er wünscht ihm innere und äußere Fülle durch diese Kunst. Damit ist der Aspirant in die Reihe der Schüler aufgenommen.

Wissen zu vermitteln wird in Indien als eine heilige Pflicht für jeden Wissenden betrachtet. Niemals darf deshalb, so sagen die Schriften, ein Wahrheitssuchender abgewiesen werden. Selbst nach dem stärksten Vergehen wird ein Guru seinen Schüler nie abweisen, sofern dieser wiederum um Unterweisung bittet.

Durch die Initiationszeremonie entstehen innige Bande der Verbundenheit, der Pflicht und der Hingabe zwischen dem Schüler und dem Lehrer.

4. Das traditionelle Tanzstudium

Die Begrüßung

Ein wesentlicher Faktor jedes Lernprozesses ist die geistige Grundhaltung des Studenten. Diese kommt in der Ehrfurcht der Tänzerin und des Tänzers vor der Mutter Erde, die alles (er-)trägt und erhält, zum Ausdruck. Zu Beginn und am Schluß jeder Tanzlektion und jeder Tanzaufführung erfolgt deshalb als Zeichen der Ehrerbietung gegenüber der Erde, dem Allerhöchsten, dem Lehrer und den Anwesenden die Begrüßung des Schülers beziehungsweise Tänzers, *Namaskhar* genannt. Die Bedeutung dieser Begrüßung kommt in folgendem Gebet zum Ausdruck:

Du, oh Mutter Erde,
aller Lebensspender,
gepriesen und verehrt von allen
beschützest jene, die Zuflucht bei Dir suchen;
zu Dir komme ich in Ehrfurcht
mit der Bitte um Vergebung dafür,
daß ich Dich nun mit meinen Füßen trete.

Dabei berührt der Tänzer, begleitet von ein paar wenigen Tanzschritten, mit den Fingerspitzen beider Hände den Boden und führt diese dann zu den Augen. Danach erhebt er die Hände in *Anjali Hasta Mudra* zur Begrüßung des Allerhöchsten über die Stirn, zur Begrüßung des Gurus oder Lehrers vor die Stirn und zur Begrüßung der Anwesenden vor die Brust.

Mit einem anschließenden andeutungsweisen Berühren des Taktstocks (*Kolu*) des Lehrers wird die Ehrerbietung des Schülers dem Wissen gegenüber und seine Bereitschaft zum Unterricht ausgedrückt.

Diese Begrüßung ist ein fester Bestandteil des traditionellen Tanztrainings und wird vom Studenten vor und nach jeder Unterrichtsstunde ausgeführt.

Das Tanztraining

Das Studium des Bharata Natyam besteht aus zwei Abschnitten und dauert je nach Talent und Zeitaufwand des Schülers fünf bis sieben Jahre. Im ersten Abschnitt, der etwa ein Jahr dauert, werden die Grundschritt-Einheiten und die Handgesten erlernt. Danach folgt der zweite Abschnitt, das Studium der einzelnen Tänze.

Die klassische Ausbildung beginnt mit dem Einüben der Grundschritte, den Adavus. Diese sind die kleinsten Tanzeinheiten und gehören zum Nritta, dem reinen Tanz (vergl. Kapitel IV). Die Übungen werden hauptsächlich in der Ardha Mandali-Position, der Haupt-Körperstellung im Bharata Natyam, ausgeführt. Damit wird zugleich ein sicherer Stand und eine feste Haltung im Gleichgewicht geübt.

Die verschiedenen Körperstellungen werden in den Übungen der Adavus in Kombination mit den Bewegungen der einzelnen Glieder, den Armen, Händen, Füßen und des Kopfes, Nackens und der Hüfte geübt. Lehrerin oder Lehrer rezitieren dabei eine Anzahl von Silben, die Sollu Kuttu, und geben mit dem Kolu (Taktstock) den Tala (Rhythmus). Es ist leicht verständlich, daß ohne direkte Anweisung eines Lehrers das Erlernen der Grundschritte undenkbar ist.

Neben dem Erlernen der Adavus werden die für den Nritta typischen seitwärts gleitenden Kopfbewegungen sowie verschiedenste Augenstellungen geübt. Zudem werden nach und nach alle Einzel- und Doppel-Handgesten erlernt. Das Erlernen und Einüben der Hasta Mudras bereits im Anfangstadium des Tanzstudiums ist − besonders im Westen − sehr empfehlenswert, wird jedoch nicht in jeder Schule gleich gehandhabt. Beherrscht der Schüler 40 bis 70 Adavu-Variationen sowie die übrigen Grundlagen des Nritta, wird mit dem Studium des ersten Tanzes begonnen.

Auch beim Erlernen der Tänze wird stufenweise vorgegangen. Begonnen wird mit dem ›Alarippu‹, einem Nritta oder reinen Tanz. Weitere Adavus werden noch dazugelernt. Die erlernten Grundschritte (Adavuvariationen) werden nun in Gruppen, *Jathi* genannt, zusammengefaßt. Hier zeigt sich das Koordinationsvermögen des Schülers, denn an diesen werden nun hohe Anforderungen gestellt. Die kombinierten Schrittfolgen (Jathi) werden zunehmend anspruchsvoller in Form und Tempo ihrer Einzelschritte. Der Bharata Natyam besticht geradezu durch die Figurenfreudigkeit und die Vielzahl der verschiedenen Einzelschritte im Nritta. Dies erfordert eine fundierte Grundlage und das einwandfreie Beherrschen der Einzelschritte und möglichst vieler Kombinationen. Es gibt über 120 solcher Grundkombinationen oder Jathis, auf deren Basis fast unbegrenzte weitere Kombinationen möglich sind.

Die Jathis sind deshalb die wichtigsten Tanzeinheiten. Sie bilden gleichsam die Seele des Bharata Natyam.

5. Die Gliederung der Tänze

Im Bharata Natyam werden die verschiedenen Tänze in sechs hauptsächliche Themen- und Artbereiche gegliedert. Diese Gliederung hat eine auf Zweck und Logik basierende Folge, die sowohl im Studium als zumeist auch bei Tanzdarbietungen eingehalten wird. Natürlich hat eine erfahrene Tänzerin durchaus die Möglichkeit, weitere Tänze, die nicht in diese Sechserreihe gegliedert sind, bei Konzerten einzuflechten. Doch auch dann wird weitgehend die Reihenfolge eingehalten

Die sechs Themen- und Artbereiche ergeben sich einerseits aus den zwei Hauptarten des Tanzes, Nritta und Abhinaya und durch die Zusammensetzung dieser zwei Komponenten, andererseits durch die Thematik der Tänze und ihre literarische Zuordnung.

Alarippu
Der erste Tanz in dieser Reihe ist Alarippu. Er ist ein Nritta, also ein reiner Tanz ohne erzählenden Charakter. Er stellt die einfachste Form des Tanzes dar, da er in der Regel keinen Gesang enthält, sondern der Tänzer nur von einem Rhythmusinstrument, von den Sollu Kuttus und der Zimbel begleitet wird. Dies bedeutet, daß er wohl einen Tala, aber keinen Raga besitzt.

Der Alarippu gehört sicherlich zu den ältesten überlieferten Tänzen überhaupt. Seinesgleichen gibt es keinen zweiten. Obwohl eine einzige Doppeltrommel (Mridangam) für seine Instrumentierung genügt, ist er keineswegs einfach. Seine Bewegungsmuster sind einzigartig, einfach und bestechend und muten beinahe archaisch an. Die ganze Urwüchsigkeit des Bharata Natyam widerspiegelt sich im Alarippu.

Alarippu heißt wörtlich »Aufgehen der Blütenknospe«. Das zeigt seine Bedeutung sowohl als erster Tanz im Studium des Bharata Natyam als auch als einer der ersten Tänze, die bei einer Aufführung gezeigt werden. Er ist ein beliebter Eröffnungstanz, bezaubernd schön, kurz und rhythmisch und gibt dem Zuschauer einen Vorgeschmack auf das, was noch folgen wird. In einer leicht zu folgenden Weise werden dem Zuschauer alle Glieder nacheinander vorgestellt. Die typischen Grundhaltungen *Sama-Bhanga* und *Arda Mandali* werden dargestellt.

Die Bewegungen beginnen bei Kopf, Gesicht und Nacken, mit klaren Bewegungen der Augen, und gehen über zu musterhaften Arm- und Handbewegungen und zu solchen des ganzen Körpers. Einfache Schritte betonen den ausgeprägten Rhythmus des Alarippu.

Der Alarippu ist gleichzeitig eine Huldigung an Gott, den Guru und die Zuschauer. Er ist ein geeigneter Tanz, um den Tänzer aufzuwärmen. In ihm beginnt dieser im eigentlichen Sinne des Wortes aufzublühen.

Jatiswaram

Der Jatiswaram ist die erste musikalische Komposition im Bharata Natyam und enthält sowohl Tala als auch Raga. Er ist aber, wie der Alarippu, ein Nritta. Für den Jatiswaram werden die früher erlernten Einzelschrittkombinationen (Adavus) zu Jatis geformt und geübt.

Der Name Jatiswaram kommt von *Jati* und *Swara*.

Die Jatis geben das Zeitmaß des Rhythmus und die Swaras die musikalische Notation. Reine Tanzbewegungen verbinden sich hier mit reiner Musik, das heißt zu einem Raga, der nur aus Swaras mit ganzen Tonschritten besteht.

Der Gesang hat keinen literarischen Inhalt und besteht lediglich aus den Silben, mit denen die Swaras benannt werden: Sa, Ri, Ga, Ma, Pa, Dha, Ni. Sie entsprechen etwa der westlichen Bezeichnung: Do, Re, Mi, Fa, So, La, Ti. Diese Silben werden in Übereinstimmung mit ihrem Notenwert auf der Notenskala gesungen und bilden die alleinigen Worte im Gesang. Der Raga wird dadurch in seiner reinsten Form ohne Verzierungen interpretiert. Die rhythmische Struktur der Schrittkombinationen muß genau auf den jeweiligen Tala und Raga abgestimmt sein. Schrittkombinationen, die für einen bestimmten Jatiswaram komponiert wurden, können nicht auf einen anderen Jatiswaram mit unterschiedlichem Raga übertragen werden, auch wenn sie denselben Tala haben.

Shabdam

heißt *Wort* im Sinne von Beschreibung oder Erzählung. Er ist ein lyrischer Tanz und gehört zur Gruppe der Nritya oder Abhinaya. Hier wird der Schüler zum ersten Mal mit dem wichtigen Aspekt des Schauspiels im Bharata Natyam konfrontiert. Er wird in die Mimik eingeführt und erlernt neun Bhavas beziehungsweise Rasas mit Hilfe der verschiedenen Bewegungen (Bhedas) und Hasta Mudras. Die Thematik im Shabdam ist meistens Gottesliebe, seltener handelt er von heroischen Erzählungen. Die gesungenen *Sahityas* (lyrische Texte) werden in jedem Detail präzise durch die Körpergestik interpretiert.

Der Shabdam ist eine eher einfache Form des Ausdruckstanzes. Trotzdem gibt er der Tänzerin genug Spielraum, um die Thematik in Mimik und Gestik umzusetzen und den Tanz lebendig zu gestalten.

Varnam

bedeutet *Farbe*. Dieser Tanz ist ein vollendetes Beispiel der Bharata Natyam-Kunst, deren ganze Vielfalt in ihm zum Ausdruck kommt. Der Varnam ist eine Kombination von Nritta und Abhinaya. Wenn der Schüler an diesem Punkt des Tanztrainings angekommen ist, ist er bereits in die Kunst des Nritta und Abhinaya eingeführt worden. Auf dieser Grundlage wird er die hohen Anforderungen, die nun bei der Wiedergabe der Adavujatis und des Abhinaya an ihn gestellt werden, erfüllen können. Der Varnam ist nicht nur ein vollendetes Beispiel des Bharata Natyam, sondern er gilt auch als die komplexeste musikalische Komposition in der karnatischen Musik. So wie der Tänzer einen großen Spielraum bei der Interpretation des Abhinaya und Nritta hat, so hat auch der Musiker genug Freiheit, um Sahitya (Text) und Swaras (Noten) des Liedes expressiv darzustellen.

Im Varnam wechseln sich Gesang und Abhinaya mit Swaras und Jatis (Schrittkombinationen) ab. Typisch im Varnam sind die langen, komplizierten und verzierten Thirmanas, welche in dreifacher Reihenfolge in immer schnellerem Tempo vorkommen. Die Strophen des Liedes bestehen aus einem Satz und einem Refrain, in dem dieser Satz jeweils mehrfach wiederholt wird. Dies gibt der Tänzerin die Möglichkeit, dasselbe Thema in immer neuen Variationen der Mimik und Gestik darzustellen. Dies erfordert von ihr fundierte Kenntnisse der Sancharibhavas und ein großes mimisches Können.

Thema des Varnams ist meistens die Sehnsucht nach göttlicher Vereinigung. Dies wird symbolisch dargestellt durch eine Zweierbeziehung von Mann und Frau: Ein Mädchen wartet sehnsüchtig auf ihren Angebeteten.

Von Liebeskummer gepeinigt rühmt und lobt sie ihn. Shringara (Liebe) ist der hauptsächliche Bhava und die eigentliche Grundstimmung in diesem Tanz.

Der Varnam erfordert höchste Konzentration vom Tänzer, eine ungewöhnliche Fähigkeit der Koordination von allen Gliedern und eine vollendete mimische Darstellung verschiedenster Gefühlsregungen. Hier ist es besonders wichtig, daß der Sänger in seinem Gesang die Stimmung der zur Darstellung gelangenden Worte (Text) genau wiedergibt.

Padam

ist ein reiner Abhinaya. Er stellt die feinste Art von Tanzmusik-Komposition im Abhinaya dar. Obwohl das Thema Gottesliebe (Bhakti) allgemein im Bharata Natyam vorherrscht, erfährt es gerade im Padam seine feinsten und schönsten Ausdrucksformen. In ihm kommen besonders Musikkompositionen aus der Blüte der südindischen Kultur zur Vorstellung, die von der Bhakti-Bewegung beeinflußt wurden.

Nach dem temperamentvollen Varnam freut sich die Tanzschülerin auf den ruhigen und beruhigenden Padam. Der Padam ist ein lyrischer Gesang mit zumeist siebenzeiligen Strophen. Seine Themen sind meistens romantische Liebesgeschichten aus der Götterwelt. Sehr beliebt sind auch Darstellungen des kindlichen Krishna mit seiner Mutter. Dabei stellt die Tänzerin beide Charaktere abwechselnd dar.

Die Thematik des Padam offenbart die subtilsten Schattierungen des Abhinaya und erlaubt es der Tänzerin, feinste Nuancen der Bhavas durch Gestik und Mimik wiederzugeben. Nirgendwo kommt die Gestik und Mimik im Bharata Natyam in solch bezaubernder Weise zum Ausdruck wie gerade im Padam.

Tillana

ist wiederum ein reiner Tanz (Nritta). Seine musikalische Komposition gleicht dem Jatiswaram und enthält nur selten lyrischen Text. Auch hier werden nur die Swaras (Notensilben) gesungen. In keinem der Bharata Natyam-Tänze ist der Rhythmus so stark ausgeprägt wie im Tillana. Der Tillana ist gleichsam die Vollendung des Nritta.

Ähnlich wie im Alarippu beginnt die Tänzerin mit den Augen- und Nakkenbewegungen und geht langsam über zu Bewegungen der Arme, des Oberkörpers und der Beine. Die zu Beginn einfachen Bewegungen und Tanzschritte werden zusehends schwieriger und komplexer und enden in einem brillanten Finale, bei dem die Tänzerin in raschen, gleitenden Schritten, die sie mit einem Sprung in die Luft einleitet, die ganze Bühne in ihren Diagonalen durchmißt. Die Bewegungsabläufe sind schnell, sehr variationsreich und äußerst dynamisch. Die Posen sind anmutig und machen einen skulpturhaften Eindruck.

Neben der klassischen Sechsergliederung im Bharata Natyam gibt es noch einige sehr bedeutende und oft aufgeführte Tänze mit zum Teil sehr eigenständigen Charakterzügen.

Der *Kautuam* gehört zu den ältesten Tänzen und wird zu Beginn einer Vorstellung aufgeführt. Es sind nur neun Kautuams überliefert. Kautuams sind allgemeine Lobpreisungen von Göttern wie Shiva, Ganesha oder Karttikeya.

Pushpanjali (Blumen schenken) ist ein Tanz, der dem Gott Ganesha geweiht ist und der zu Beginn einer Tanzvorstellung aufgeführt wird. Ganesha ist der Gott des Glücks und wird in Indien als Schutzgottheit zu Beginn jedes neuen Unterfangens angerufen.

Javali und *Gitam* sind reine Ausdruckstänze in Form von Liebesgeschichten.

Natanam Adinar ist einer der beliebten Tänze über den Gott Shiva und seine Gattin Parvati. Darin wird der kosmische Tanz Shivas beschrieben, den er vor einer großen Versammlung von Rishis im goldenen Tillai von Chidambaram aufgeführt hat. Der Natanam Adinar wird als einer der vollendetsten Tänze im Bharata Natyam angesehen.

Der *Navasandhi Nrittya* ist der Tanz der neun Himmelsrichtungen. Er wurde als einer der heiligsten Tänze verehrt und wird deshalb nicht auf Bühnen aufgeführt. Man führt ihn bei der Einweihung eines neuen Tempels auf.

Entgegen westlichen Tanztraditionen, die zumeist Szenen aus dem Leben oder Wunschbilder darstellen, ist die Thematik des klassischen indischen Tanzes sehr idealisiert, sozusagen ein Abbild des Göttlichen. Diese verinnerlichte Weltschau wird von der Tänzerin gleichsam nach außen getragen.
   Nicht umsonst wurde die Tempeltänzerin als Mittlerin zwischen Mensch und Gott betrachtet. Die sehr persönlichen, ja spirituellen Erfahrungen vieler Tänzerinnen enthüllen eine äußerst heilsame Wirkung, die vom Bharata Natyam sowohl auf die Tänzerin wie auch auf den Zuschauer ausgeht.

» . . . die Bösen haben Angst vor Dir,
da Du (Shiva) doch so mutig und mächtig bist!«
Pose aus Shabdam

Kapitel VIII

Arangetram

Der erste öffentliche Auftritt

1. Der Abschluß des Tanzstudiums

Kunst ist dem Inder sehr heilig. Er betrachtet es deshalb als Sünde und als eine Demütigung der Kunst, sie in unvollkommener Weise darzubieten. Eine Tanzvorstellung sollte Herz und Seele des Betrachters erheben. Dies ist nur möglich, wenn der Tänzer in allen Bereichen des darzubietenden Tanzes ausgebildet ist und Meisterschaft darin erlangt hat. Dies ist im Bharata Natyam erst nach Beendigung des Grundstudiums der Fall. Nachdem er mindestens je einen Tanz der sechs grundlegenden Themen- und Artbereiche erlernt hat, besitzt der Tanzschüler jene Fähigkeit und Sicherheit, die man als Bühnenreife bezeichnet.

Traditionsgemäß findet zum Abschluß eines Tanzstudiums das sogenannte Arangetram statt. Dies ist der erste öffentliche Auftritt eines Tanzschülers. Die Bezeichnung *Arangetram* kommt aus der Tamil-Sprache (*Arango* = Bühne; *Etram* = treten auf). Die Tradition des Arangetrams ist sehr alt und wird bereits im *Shilapadikaram* erwähnt, wo das Zeremoniell des Arangetrams anhand einer detaillierten Beschreibung des ersten öffentlichen Auftritts der gefeierten Tänzerin Madhavi erläutert wird.

In Indien ist das traditionelle Arangetram eine Festivität von großem Ausmaß, zu der hochgestellte Persönlichkeiten und Autoritäten im Bereich der Kunst zusammen mit Hunderten von Freunden, Bekannten und Verwandten der Tänzerin geladen werden. Für ein indisches Mädchen hat dieses Fest einen hohen Stellenwert und wird wie eine Hochzeit gefeiert. Es ist ein Fest der Freude und ein offenkundiger Beweis für den erfolgreichen Abschluß des Tanzstudiums. Der Erstauftritt ist gleichzeitig eine öffentliche Würdigung des Könnens einer Tänzerin. Er ist selten mit Kritik im Sinne einer Bewertung verbunden.

Als Zeichen ihrer Dankbarkeit, ihrer Hingabe und ihres Respekts überreicht die Schülerin ihrem Lehrmeister oder Guru ein Geschenk in Form von Kleidern, Blumen und Früchten und das *Gurudakshina*, einen angemessenen

Geldbetrag. Dabei berührt sie die Füße des Gurus, um seinen Segen zu erhalten. Auch die Musiker erhalten ein Geschenk, und den geladenen Gästen werden Süßigkeiten und Getränke serviert.

Dem Arangetram gehen lange Vorbereitungen voraus. Die Tanzschülerin besucht zuerst einen Tempel, der der Muttergöttin oder Shiva geweiht ist. Früher fand das ganze Fest im Tempel selbst statt. Die tiefere Bedeutung des Arangetrams ist die einer segenbringenden Huldigung an Gott und den Guru.

Der eigentliche Tanzauftritt erfolgt meistens in einem Konzertsaal. Nachdem die Musiker eine Hymne an den Gott Ganesha, den Beseitiger der Hindernisse, gerichtet haben, betritt die Tänzerin die Bühne und beginnt mit dem ersten erlernten Tanz, dem Alarippu. Ihm folgen Jatisvaram, Shabdam, Varnam, Padam und Tillana. Mit einem Shlokam, einem Schlußgebet, wird der Auftritt beendet.

Die Bedeutung des Arangetrams

Obwohl das Arangetram heute noch eine unumstrittene Bedeutung hat und traditioneller Abschluß des Tanzstudiums an jeder anerkannten Schule ist, hat sich seine Form der Zeit angepaßt. Die Aufwendungen für Einzelarangetrams sind nicht selten so hoch, so daß für Mädchen aus Familien in bescheidenen Verhältnissen sogenannte Gruppenarangetrams veranstaltet werden. Dadurch werden die allgemeinen Kosten für den einzelnen reduziert, und ein Arangetram wird für jeden erschwinglich.

Sicherlich bedeutet es für ein Mädchen in Indien nicht dasselbe, ein Tanzstudium mit einem Arangetram abzuschließen wie beispielsweise für jemanden im Westen, obwohl die Motivation eines indischen Mädchens zum Besuch einer Bharata Natyam-Schule etwa dieselbe ist wie die, die in Europa zum Besuch einer Ballettschule führt. Beides sind musische Ausbildungen und werden ganz allgemein gewürdigt und geschätzt. Sie sind ein Plus für die Persönlichkeitsbildung und die Ertüchtigung eines Menschen.

Natürlich ist der klassische indische Tanz in der westlichen Welt noch nicht genug bekannt, um eine dem Ballett gleichwertige Stellung zu haben. Die Gründe, die jemanden in Europa dazu bewegen, Bharata Natyam zu erlernen, sind meist anderer Natur als in Indien. Oft ist es einfach die Freude am Ungewöhnlichen. Meine jahrelange tägliche Erfahrung zeigt aber, daß hier im Westen überraschend viele junge (und ältere) Leute wirklich mit Hingabe lernen und den Bharata Natyam verstehen möchten. Es ist diese

222

*Die symbolischen Initiationsgaben des Schülers
für seinen Lehrer.*

Ernsthaftigkeit, die mir als Lehrerin so große Freude und tiefe innere Erfüllung bereitet. Zu sehen, daß jemand mit Hingabe die ganze Tiefe dieser Kunst ausloten und vielleicht einmal Tänzerin oder Tänzer oder sogar Lehrer werden möchte, ist mir größte Genugtuung in meinem Bestreben, den Menschen hier diese wunderbare Kunst nahezubringen und ihr Verständnis dafür zu fördern. Für solche ernsthaften Tanzschüler bedeutet ein Abschluß des Tanzstudiums in Form des Arangetrams aber erst ein Anfang. Jetzt sind fast alle Bereiche des Bharata Natyam durchschritten worden, je ein Tanz der sechs Themen- und Artbereiche ist erlernt worden. Doch damit ist nur eine solide Grundlage geschaffen worden, auf deren Basis weitere Tänze und Variationen erlernt werden müssen, will man einmal abwechslungsreiche Vorstellungen vor einem Publikum geben. Nun heißt es lernen, lernen, lernen. Ein Leben reicht nicht aus, um die Fülle, die uns diese Tanzkunst bietet, ausschöpfen zu können.

2. Die Bharata Natyam-Aufführung

Die indische Kunst wird als etwas Heiliges betrachtet und verlangt deshalb nicht nur vom Darsteller eine größtmögliche äußere und innere Vollkommenheit, sondern auch eine entsprechende Haltung und Einstellung des Publikums. Bereits Nandikeshwara hat im *Abhinayadarpanam* die Grundregeln für eine Tanzaufführung niedergelegt. Diese sehen, mit einigen Ergänzungen aus anderen Quellen, wie folgt aus:

Der Ehrengast

Dem Ehrengast einer Tanzveranstaltung wird große Wichtigkeit beigemessen. Er sollte ein angesehener und ehrenhafter Bürger sein mit einem großen Urteilsvermögen, um Auszeichnungen verleihen zu können. Er sollte der Kunst wohlwollend gegenüberstehen und ein Kenner derselben sein.

Das Publikum

Die Zuschauer sollten so plaziert werden, daß der Ehrengast in der Mitte vor der Bühne zu sitzen kommt. Rechts und links von ihm sollten Poeten (Kunstkenner), Gönner und Freunde sitzen. Die Besucher der Tanzaufführung sollten gebildet sein, um die Darbietung würdigen, verstehen und beurteilen zu können.

Die Tänzerin

sollte schlank, schön und jung sein mit runden Brüsten und großen (ausdrucksvollen) Augen. Sie sollte selbstsicher auftreten, humorvoll und von angenehmer Erscheinung sein. Sie sollte zudem fähig sein, mit vokaler und instrumentaler Musik aufzutreten und den verschiedenen Rhythmen (Talas) zu folgen.

Besitzt sie zudem schöne Kostüme und ein strahlendes Aussehen, so hat sie die idealen Voraussetzungen für eine Tänzerin. Essentiell für eine Tänzerin sind neben einer guten Beweglichkeit und Fertigkeit des Körpers ihr technisches Können, das Beherrschen der Augenbewegungen (Mimik) sowie Ausdauer, gutes Gedächtnis, Hingabe zur Kunst, eine klare Stimme und die Fähigkeit zum Singen.

Die Fußschellen (*Kinkini*)

Die Fußschellen sind ein wichtiger Bestandteil im Tanz. Glocken sind ein himmlisches Symbol und haben in fast allen Kulturen sakralen Charakter. Sie geben akustisch die Göttlichkeit des Tanzes wieder und heben so jede Bewegung der Tänzerin auf eine höhere Ebene. Nach dem *Abhinayadarpanam* sollten die Fußglöckchen klein und aus Bronze hergestellt sein. Sie sollten im Abstand von etwa zwei Fingerbreit auf eine blaue Schnur aufgeknüpft werden. Die Tänzerin sollte an jedem Fußgelenk einhundert Glöckchen tragen.

Der Nattuvanar (*Taladri*), die Nattuvangam

Der Bharata Natyam ist nicht nur ein Tanz, sondern auch ein vollständiges musikalisches Soloschauspiel. Die Musik, insbesondere der Gesang, spielt dabei eine wichtige Rolle, da sie den Rhythmus und die Thematik des Tanzes bestimmt. Der Nattuvanar hat die Aufgabe, durch das präzise Schlagen der Zimbeln die Tanzschritte der Tänzerin in Übereinstimmung mit dem Tala (Rhythmus) zu halten. Oftmals übernimmt er auch gleichzeitig den Gesangspart im Stück.

Der Nattuvanar sollte ein erfahrener Tanzlehrer sein und die Kunst des Tanzes, der Musik und der verschiedenen Rhythmen beherrschen. Er sollte gebildet sein und eine eindrucksvolle Persönlichkeit sowie tiefe Kenntnisse der Tanzliteratur haben. Er sollte gleichzeitig ein Experte in der Darstellung und Reproduktion von Bhavas sein und die Fähigkeit haben, Tänze zu komponieren. Dazu muß er die verschiedenen Talas perfekt beherrschen und die entsprechenden Silben (Sollu Kuttus) richtig aussprechen können. Seine Aufgabe ist keineswegs einfach, denn der klassische indische Tanz hat die Besonderheit, daß oftmals zum Beispiel ein Vierertakt für das Lied verwendet wird und die Tänzerin ihre Schrittkombinationen im Fünfertakt auszuführen hat. Nun ist es die Aufgabe des Nattuvanar die Schrittsequenzen in Übereinstimmung mit dem Tala zu halten, indem er die Schritte der Tänzerin mit seinen Zimbelschlägen führt.

Der Trommelspieler (*Mridangika Lakshanam*)

Der Mridanga-Spieler sollte eine angenehme Persönlichkeit haben und in Musik und den verschiedenen Rhythmusformen ausgebildet sein. Er sollte zudem intelligent sein, ein gutes Gedächtnis haben und die einschlägige Literatur kennen.

Der Tanzauftritt

Nachdem sich die Tänzerin geschmückt, geschminkt und mit dem traditionellen Kostüm (oder dem speziell gewundenen Sari) bekleidet hat, legt sie als letztes die Fußschellen an. Falls ihr Guru, zum Beispiel als Nattuvanar, anwesend ist, überreicht sie ihm diese zuerst und erbittet mit dieser Geste seinen Segen. Nach einem kurzen, stillen Gebet gibt er ihr die Fußschellen zum Anziehen zurück. Nach dem *Abhinayadarpanam* sollte jeder Tanzauftritt mit einer Hymne an den Gott Ganesha beginnen. Anschließend huldigt die Tänzerin der Mutter Erde, indem sie respektvoll den Boden berührt und betritt sodann nach einem stillen Gebet an sie die Bühne von rechts. Zuerst verehrt sie Shiva Nataraja, der symbolhaft in einer Statue auf der Bühne anwesend ist, indem sie ihm Blumen darreicht, um damit Segen für den Guru, sich selbst und alle Anwesenden zu erwirken. Erst nach dieser rituellen Handlung (*Purva Ranga*) sollte die Tänzerin mit ihrem ersten Tanz beginnen.

Die Tanzdarbietung wird wiederum mit einem Lobpreis, der *Pallavi* genannt wird, beendet. Das traditionelle indische Tanzkonzert kennt keine Zugabe, wie es in westlichen Konzerten üblich ist. Nach dem Pallavi, dem Schlußgebet, ist es weder den Musikern noch der Tänzerin erlaubt, nochmals ein Stück aufzuführen. Diese Regel wird heute noch streng befolgt.

Die Bühne

Besonders im Natyashastra wird der Bühne und ihrer Beschaffenheit und Anordnung große Aufmerksamkeit geschenkt. Es wird zwischen vier Bühnentypen unterschieden: der runden, der dreieckigen, der quadratischen und der rechteckigen Bühne. Dabei wird die rechteckige Bühne als Idealbühne gelobt. Ihre Minimal- und Maximalgröße und ihre Sollhöhe werden angegeben. Dies ist für uns von geringer Bedeutung, da bei den heutigen festen Bühnen selten die Ausmaße verändert werden können und sich die Tänzerin den gegebenen Verhältnissen anzupassen hat. Dies war im Alten Indien nicht der Fall. Die Bühnen wurden für jeden Auftritt speziell aufgebaut, da die Tanzveranstaltungen meistens im Freien stattfanden. Die Erfahrung zeigt aber, daß für übliche Choreographien die Bühne eine Mindesgröße von etwa vier Meter Tiefe und fünf Meter Breite haben sollte. Da die Tänzerin die Bühne immer von rechts (vom Zuschauer aus gesehen) betreten sollte, sollte die Garderobe auf dieser Seite liegen.

Die Vorstellungsdauer

Bereits im Natyashastra wird eine feste Zeiteinheit angegeben. Anstatt den Tag in 24 Stunden zu je 60 Minuten einzuteilen, teilten die Inder in jener Zeit den Tag in 60 Einheiten zu je 24 Minuten. Die Zeiteinheiten hießen *Ghatika*. Ein Ghatika entsprach also dem heutigen Zeitmaß von 24 Minuten. Laut Überlieferung sollte eine Tanzvorstellung mindestens zwei Ghatikas dauern. Sie sollte aber nicht zu lange sein, damit die Zuschauer nicht ermüdeten.

Die Erfahrung zeigt, daß eine Tanzvorstellung drei Stunden Dauer nicht überschreiten sollte. Sonst läßt sie Aufmerksamkeit nach und die Dynamik des Eindrucks beim Zuschauer schwindet.

Schmuck und Kleidung

Die Natur mit all ihrer Pracht hat für die Kleidung der Inder sozusagen Modell gestanden. Ihr Reichtum in Farben und Formen hat den Menschen dazu inspiriert, in seinen Kleidern nicht zurückzustehen. Die Inder nehmen sich ein Beispiel an der Natur und kleiden sich in satte Farben und schönen Schmuck. Dies zeigt sich besonders eindrücklich bei der Kostümierung im klassischen indischen Tanz.

Die dominante Stimmung im Bharata Natyam ist der Heiterkeit, Fröhlichkeit und Sinnlichkeit verkörpernde Shringara Rasa. Bereits im Natyashastra wird der äußeren Erscheinung einer Tänzerin große Wichtigkeit beigemessen, da sie die Grundstimmung Shringara weitergeben soll. Deshalb sollte die Erscheinung der Tänzerin Fröhlichkeit, Heiterkeit und Sinnlichkeit ausdrücken. Dunkle und schwermütige Farben sollte sie in ihrer Kleidung vermeiden. Die Kleidung sollte bequem sein und die Behendigkeit der Tänzerin nicht einschränken. Doch sollte sich die Tänzerin mit Schmuck und Kleidung nicht überladen.

Die Kostümierung im klassischen südindischen Tanz hat sich während der Jahrhunderte immer wieder leicht verändert und sich dem Wandel der Zeit angepaßt. Heute werden Saris nicht mehr oder nur noch äußerst selten als Kostüme verwendet, da sie die Bewegungsfreiheit besonders bei anspruchsvollen Tänzen einschränken. Statt dessen werden Kostüme aus mehreren Stücken gewählt, die angezogen wie ein speziell gebundener Sari wirken. Je nach örtlicher Tradition gibt es Unterschiede in den Farben und Formen der Kostüme. In Südindien sind Kontrastfarben sehr beliebt.

Die Art der Kleidung und des Schmucks ist traditionell festgelegt und erlaubt nur geringe Variationen. Daneben sind die Haare und ihr Schmuck sehr wichtig. Lange Haare sind ein Muß für eine Bharata Natyam-Tänzerin. Sind die eigenen Haare zu kurz, werden sie für den Tanz mit Fremdhaaren verlängert, die in den Zopf eingeflochten werden. Der Hinterkopf und der Zopf werden reichlich mit weißen Blumen, besonders Jasminblüten, geschmückt.

Schlußwort

Der Platz würde nicht ausreichen, wollte man all dies niederschreiben was einem bewegt und was so wissenswert erscheint. Doch es war nicht meine Absicht, ein Lehrbuch zu schreiben. Ich möchte mich auch nicht auf jene fast unerreichbare Ebene mit den Autoren der klassischen indischen Tanzschriften stellen, ist mein Wissen doch aus dem ihrigen hervorgegangen. Mein einziger Wunsch war und ist es, mit diesem Buch eine tiefere Einsicht in die klassische indische Tanzkunst und ihre kulturellen Hintergründe und Zusammenhänge zu geben und das Verständnis dafür zu erweitern. Der Bharata Natyam ist geradezu prädestiniert als Beispiel für alle klassischen Tanzstile Indiens zu stehen, verkörpert er doch die Essenz all dieser.

Dieses Buch sollte inspirierend sein für jene, die Indien und seine Kunst lieben. Es sollte nicht nur Tanzbegeisterten den Weg zur höchsten Vollendung im Tanz weisen, sondern gleichzeitig auch etwas von jenem urwüchsigen Geist des traditionellen Indien vermitteln, der über Jahrtausende hinweg die Grundlage für künstlerisches Schaffen in Indien war.

Ich bin dem Allerhöchsten dankbar, daß ich die Möglichkeit hatte, gerade in diesem Land geboren zu werden, und ich bin froh darüber, seine vielfältige Natur, die tropische Hitze und die Kühle der Vollmondnächte, die Lebendigkeit des indischen Lebens, den übernatürlichen Hauch der Tempelfeste und die tiefen Gefühle zu den Göttern erlebt zu haben.

Ich bin für all die Erfahrungen dankbar, die mein Leben geformt haben, für die Liebe und den Schmerz, die Freude und die Tränen, die Heiterkeit und den Spott und für all jene Herausforderungen, die zusammen eine Basis ergeben, auf der die Kunst des Bharata Natyams erst blühen und zur höchsten Vollendung wachsen kann. Die Gewißheit, mit jedem Tanzschritt jenem Ziel näher zu kommen, ist das, was mein Leben so unendlich bereichert und erfüllt.

Es ist deshalb mein inniger Wunsch und meine Hoffnung, Ihnen, lieber Leser, hiermit einen Anstoß gegeben zu haben, die edelste aller Künste zu erlernen und ihren Sinn zu verstehen, um im Rhythmus des Tanzes mit der Schöpfung zu verschmelzen und selbst ein Abbild des Göttlichen zu werden.

Bibliographie

Bhagavad Gita, Englische Übersetzung und Kommentar von Maharishi Mahesh Yogi. Deutsche Übersetzung und Publikation: Stuttgart, 1971.

Bharatamuni: *Natyashastra*, Abhinavaguptacharya, herausgegeben von K.S. Ramaswamy Shastry, Baroda, 1956.

Kalidasa: *Kumarasambhava*, herausgegeben von M.R. Kale.

Kalidasa: *Raghuvamsha*, herausgegeben von C.R. Devadhar, 1985.

Law, N.N: *Studies in Indian History and Culture*, New Delhi, 1985.

Naidu, B.V.N.; Naidu, P.S.; Rangayya, O.V.: *Tandava Lakshana*, New Delhi, 1971.

Nandikeshvara: *Abhinayadarpanam*, Calcutta, 1975.

Popley, H.A.: *The Music of India*, Madras, 1921, Ind. Ed., 1986.

Puranic Encyclopaedia, Englische Übersetzung von Menon, herausgegeben von Vettam Mani, 1984.

Rao, Gopinath, und S.V. Ramana: *The Classical Dance Poses of India*, Madras, 1955.

Der Rigveda; Deutsche Übersetzung von K.F. Geldner, London, 1951.

Sarangadeva: *Samgita Ratnakara*, Madras, 1976.

Satatpatha Brahmana. Englische Übersetzung von J. Eggeling.

Shilapadikaram. Ilango Adigal, herausgegeben von U.V. Swaminatha Iyer, Madras, 1927.

Tarlekar, G.H.: *Studies in the Natyashastra*, New Delhi, 1975.

Vatsyayan, Kapila: *Classical Indian Dance in Literature and the Arts*. New Delhi, 1968.

Verlag Hermann Bauer · Freiburg im Breisgau

Harish Johari

Das große Chakra-Buch

Übungen, Praktiken und Farbmeditationen zur Selbstverwirklichung und Erweckung der Kundalini

2. Auflage, 128 Seiten, 10 ganzseitige, 4fbg. Kunstdrucktafeln, 2 × 8 ganzseitige Vorlagen zum Ausmalen, kartonierte Sonderausgabe

Das Wissen um die Existenz der Chakras ist seit Jahrtausenden ein fester Bestandteil des indischen Glaubens. Dieses Buch erklärt ihren tatsächlichen Ursprung und ihre Wirkungsweisen. Darüber hinaus bietet es eine praktische Anleitung zur Selbstverwirklichung und zur Erweckung der Kundalini. Ziel dieses Buches ist es, das Wesen der nicht-materiellen Chakras zu verstehen. Durch die bildliche, symbolische Darstellung in diesem Buch bekommt der Leser sozusagen eine Brücke gebaut, die es ihm erleichtert, dieses östliche Gedankengut zu verstehen. Das Ausmalen der Bilder ist ein wichtiger Bestandteil des Buches, denn durch die aktive Beschäftigung mit den einzelnen Chakras vertiefen sich Erkenntnis und Wissen ganz automatisch.
Durch die intensive Beschäftigung mit der Materie verstärken sich in hohem Maße die innere Ruhe und Konzentrationsfähigkeit; das Verständnis für die mitmenschlichen Probleme und Schwierigkeiten wächst, und es fällt leichter, Frieden zu erlangen und die Funktionen des Geistes zu kontrollieren. Damit der Mensch sich selbst verwirklichen kann, muß er sich erst selbst erforschen. Dafür bietet dieses Buch eine für jeden praktisch ausführbare und verständliche Methode.

Verlag Hermann Bauer · Freiburg im Breisgau